大満足！川口さんちの家業承継

株式会社シュウ・カワグチ代表取締役社長
川口菜旺子

扶桑社

はじめに

たくさんの本の中から、この本を手にとってくださりありがとうございます。

私は東京の西武池袋線・中村橋駅前で、夫と一緒にテーラー（紳士服のオーダーメイドスーツ店）を営む川口菜旺子《なおこ》と申します。

本というのは大きな会社の有名な社長が書くものと思っていました。ところが縁あって、一店舗しかない、売上も小さな会社を営む私に「事業承継の本を書きませんか？」と声をかけていただきました。正直、大変驚きました。

出版社の方がどうして私に本の執筆を促したのか？　その理由にこそ「この本で伝えたいメッセージ」が詰まっています。

編集者の依頼の言葉です。

「大きな借金で苦労してきた川口さんが、どうやって借金を返し、息子さんたち次世代に家業を承継できたのか。その一部始終を川口さんと同じように、事業承継に悩む経営者の皆さんに伝えてください」

私は2006年、父の急逝にともなって急遽、家業であったこの会社を継ぐことになりました。詳細は後述しますが、代表を継いだ途端、古くから勤めていた経理担当者による長年の不正が発覚。なんと12億円もの大きな借金を背負うことになったのです。

編集者からの依頼の言葉にあった「大きな借金」は、12億円というとんでもない金額だったのです。

これまでの私の社長業の中心は家業の紳士服を売ることではなく、巨額の借金を返すことだったと言っていいでしょう。

社長を継いだ後、次々に未払いが発覚しました。銀行借入れの未払い、法人税の未納、社会保険料の未払い、保険の解約と横領。毎日のように返さなければいけない金額が増えていきます。もちろん債権者からは矢のような催促の連絡が入ります。

会社の規模も大きくありませんから、どう計算しても数年で返せるような借金ではありません。実際、返し終えるまでに16年もかかりました。

誤解のないように書いておきますが、私が優秀な経営者だったから借金を返せたわけではありません。むしろその逆です。

もっと私に経営のセンスがあれば、もっと私に外部の優秀な知恵を利用する発想があれば、借金を早く返し、本来やるべきテーラーの仕事に力を入れることができていた筈です。

では、何故そんな未熟な経営者だった私が12億もの借金を返し、息子たちの世代に家業を承継するための道筋をつくることができたのか？

それは、その後、私の会社経営を助けてくれた「ある方」との出会いでした。それはまったく偶然の出会いでした。

私と同じように経営者歴が長く、私と同じように家業承継で苦しんだ経験がある方でした。そして、「御社の経営を支援しましょう」と近寄ってくる経営コンサルタントを信用しない点も同じでした。

とても境遇が近い方だと知った私は、何故かその方には家業のこと、借金のこと、息子たちへの家業承継の不安など、しこりのように心の奥にあった悩みを打ち明けることができました。詳しくは本文に譲りますが、心の中にあった心配事を吐き出せたのをきっかけに、私の家業承継は一気に良い方向へ動き出したのです。

今回、この本を書くために本屋さんに並ぶ「事業承継の本」や「M&Aの本」に目を通してみました。まず、たくさんの本が出ていることに驚きました。そして、どうして出版社の方が、私に執筆を依頼されたのかも理解できました。

本屋さんに並ぶ本はどれも「ある程度大きな会社」を前提にして書かれていたのです。

私の会社はそれよりずっと小さな家族経営の自営業者です。そして、実際に世の中の会社の多くは私の会社と同じ「家族経営の自営業者」です。つまり、「家族経営の自営業者」のための事業承継の本がほとんどないことに気が付きました。

私はこの本の中で「事業承継」ではなく「家業承継」という言葉を使うことにしました。日本の中小企業における承継の悩みの大半は「家業承継の悩み」だからです。

本書を通じて、私が経験した家業承継の取り組みをできるだけ詳《つまび》らかにお伝えし、どうやって満足な家業承継ができたのか、そのヒントを読み取っていただければ幸いです。

株式会社シュウ・カワグチ　代表取締役社長
川口菜旺子

2024年9月

2章

私の家業承継物語

3章

家業承継プロジェクト、はじまる

4章

川口家の家業承継を振り返って

5章

家業承継への決意表明のため、「社長の卒業式」を開く

6章

次の夢（社長を卒業した後）が大事

編集	新保 勝則
協力	石川 ナオ
ブックデザイン	bookwall
カバーイラスト	岡本 ゆうき
DTP	初雪デザイン
校閲	若林 智之

1章

事業承継の真実と対策

まず、そもそも「事業」とはなんなのでしょうか？

私の会社は、先々代にあたる祖父が紳士向けスーツ作りを生業《なりわい》にしようとしたことから始まります。仕立ての修行をして事業を立ち上げ、街の一角にお店を構えると、家族で経営を始めました。

同じように、畑で野菜を作る人も、毎日ランチを作ってくれる定食屋さんも、荷物を運んでくれる運送屋さんも、その商品を管理するシステムを開発した会社も、元を辿ればそれを生業にしようと誰かが立ち上げた「事業」です。

しかし、事業を立ち上げた創業者が永遠に経営をできるわけではありません。命には限りがあります。いつかは後継者に事業を引き継いでもらうことが必要となります。

旧来、社長が職を辞するとき、事業はその社長の長男が後継ぎとなるのが通例でした。戦前には「家《いえ》制度」という制度がありましたから、家督とともに嫡男（実の長男）が継ぐという考えがとても強く根付いていました。もし長男がいない場合は婿を取る、または身内から後継者を任命する形で事業を継承（※参照）していました。

今では、家族ではなく社外からヘッドハンティングをして社長にする、またはバイトから社長へというシンデレラストーリーも珍しくなくなりました。M&A（合併・買収）という言葉も広まって久しいです。

長男は後継ぎになるものという考えは、昔に比べれば少なくなったと思いますが、それでもこの慣習は今なお多くの会社で続いています。そうして代々受け継がれ、「家業」として今日まで続いてきた会社が日本にはたくさん存在しています。

※「承継」「継承」の違いについて
「承継」は先代から「地位や精神、身分、仕事、事業」といった有形、無形に関わらず事業に関する全てを受け継ぐことを言います。一方「継承」は「義務や財産、権利」といった有形のものを受け継ぐ場合を言います。似たような意味の言葉ですが、中小企業庁の表記においても「事業承継」が用いられているため、以後この本においては「承継」と表現します。

私の会社も「家業」です。先述の通り祖父が立ち上げ、父が受け継ぎ、そして父には男子がいなかったため、長女である私が社長となり受け継ぎました。

子どもの頃、それも2～3歳という幼少期から後継ぎは自分だと言われ続けていました。だから準備万端で承継できたのかといえば、残念ながらそうではありません。詳しくは次の章でお話ししますが、私の場合は父の急逝により準備がままならないまま、経営経験も乏しい一人の人間が、長女だからという理由だけで一企業を背負うことになったのです。

では何故、家制度がなくなった今でも、家族に会社を任せたいと思うのでしょう?自分が立ち上げた、または代々受け継いできた大事な会社を、赤の他人に任せるより信頼のおける家族に任せたい……というと聞こえはいいかもしれません。あるいは事業も一つの財産ですから、他人に渡すのはもったいないという思いもあるでしょう。

実際のところは、家族への「甘え」によるもので、遠慮も何もいらない家族に任せてしまいたいというのが大方の実情かもしれません。

家業であるが故の甘えは、承継だけでなく経営においてもたくさん生じてしまうものだと思います。

仕事が終わった夕食の席でも仕事の話が続き、そのまま会議や作業が始まってしまうなんてことはよくあることで、まだ可愛い方かもしれません。

家族だからという理由だけで、無報酬で家の仕事を手伝わされるなんてこともあります。労働基準法が同居の家族には適用されないという事情もあるからでしょう。とはいえ、子どもの頃のお手伝いレベルならまだしも、大人になってからも同じような扱いでは、不平不満ひいては反感につながってしまいます。

人件費を削減する事態になったとき、皺寄せを受けるのは家族であることが多く、真っ先に給与を減らすのは身内からという場合もあります。

また、重要な問題の一つとして「決断」ができなくなるということもあると思います。お金のことや会社の存続に関わる経営判断が必要なことで、家族だから別に構わないと甘え、先延ばしにしてしまうなどです。

これらの問題の本質に気付けない人は、経営者には向いていないと言えるでしょう。

ですが私も、少し前まで気付けていない側の経営者でした。

家業というものは、「家」というだけあって、日常生活から地続きで仕事をしてしまいがちです。赤の他人同士ならきちんと行える報連相が、どういうわけか家族同士になると疎かになってしまうのです。

例えば夫婦や親子の間で、今月は生活費をいくら使って、家の貯金やローンは現在いくらあるだなんてことを、毎月報告されるでしょうか？　余程きっちりしている人でなければ、定期報告なんてしないと思います。

通常、会社のお金については、経理担当者とはもちろん、会計士や税理士とも毎月確認しなければいけないものです。事業を営んでいる以上、取引先や銀行等にお金を支払わなければなりませんし、従業員には給与を払わなければなりません。そのためにも、会社に今現在お金がいくらあって、いくら出ていくかをちゃんと把握する必要があります。

会社のお金を使うにあたって、一番の権限があるのは社長です。基本、社長の許可がなければお金を勝手に動かしてはいけません。

この経理の管理者を家族にしていると、家計簿をお母さんに任せっぱなしなのと同じように、会社のお金も任せっぱなしなどということが多くの会社で起こっています。

中には家族かどうかに関わらず、任せきりにしてしまう社長もいるのですが……この話は置いておきましょう。

もう一つ、気を付けなければならないことがあります。

家業では一般企業における「定年退職」がありません。経営者が健康でいる限り、いつまでも事業を続けようと思えば続けられます。いつかは事業を承継するものではあっても、明確な期限や締め切りというものが存在していません。

人は期限が設けられていないと腰が重くなってしまうものです。健康であればあるほど後回しにして、数日どころではなく、何年もズルズルと先延ばしにしてしまう。そして、強制的に承継を考えなければならなくなるギリギリのタイミングでやっと動き出す。これが家業承継においてよくある問題の一つです。

締め切りや納期のような期限はなくとも、承継にも最終的な期限――デッドラインは存在します。

人間には等しく、死という終わりが訪れるのですから。

私はこういった家業承継における問題点を、身をもって経験しました。その経験を振り返り、自分が満足して家業承継を行うためには何が必要だったのかを改めて考えてみました。

それには、5つの重要なポイントがあったことに気が付きました。

1 元気なうちにできるだけ多くを伝えておく

どんな事業承継もこれに尽きると思います。全て一人で抱え込んだまま墓場に持って行ってしまっては、あなたの思いや長年の努力は、絶対に伝わりません。

私が先代の父から受けとることができたのは「後は任せる」、この一言だけでした。任せると言われた肝心の中身について、まったく引き継がれていなかったのです。そしてその中身について蓋を開けてみたら、絶望的な負債が飛び出したのです。それなのに、確認するにも相手はもうこの世にいません。

父が社長の頃に私は家業へ入り、取締役の立場にはなりました。銀行や取引先など社外に向けては跡取りだと紹介はされ、取締役会にも参加していました。ですが参加はしていても、社長である父から何かチュートリアル的なものがあったわけではなく、経営面の仕事に関わることもあまりありませんでした。

せめて同じく家業に入っていた夫を父の鞄持ちとして秘書的な立場に置いてもらえないか、頼んだことがあります。しかしそれも父からは断られてしまいました。理由はわかりませんが、「それは甘い」と言われてしまったのです。

そうして私は、会社の情報をほとんど把握できないまま家業を承継し、経営たるものも知らずに、火の車となっている会社を抱えてしまったのです。

どれだけ小さな会社であっても、事業承継というのは一日や二日で済むような話ではありません。最低でも1年は引き継ぎの時間を要するでしょう。基本的に会社は1年単位で決算処理を行うのですから。きっちり承継するとなれば1年どころではないかもしれません、後継者に経営経験がないなら尚更時間を要します。

承継とは会社の代表者名を変更して終わりではありません。受け継いだ後、会社を破綻させず、健全に経営していかなければならないのです。その責任は後継者に重くのしかかります。

どれだけ現社長が元気であっても、まだ大丈夫と高を括らず、むしろ元気なうちにできる限り多くのことを後継者に伝えておきましょう。

まだ若いからと思っていても、人は想定通りの寿命を全うするとは限りません。もし明日、大事故に巻き込まれてしまったらどうしますか？

私は社長となった時点で、次の社長のことを考えておくくらいでも良いと思っています。本当に、早いに越したことはないのです。

2 事業の現状を数値で詳らかにする

数値とはつまりは「お金」のことです。「元気なうちにできるだけ多くを伝えておく」の項にある〝伝える情報〟の一つとしても、これは必須事項にあたります。

お金がなくては会社を経営できません。商品を作ったり仕入れたりできなければ、設備の維持もできない、従業員に給与を払うこともできなくなります。経営者の生活だってままならなくなるでしょう。そして最悪の場合、破産へと繋がりかねません。

そうならないように、会社では月次、年次決算を行ってお金の状況を把握するわけです。決算は株主や行政などステークホルダーへの報告のためではありますが、最も大事なのは会社の財務状況を把握するためです。

利益がいくらあって、いくら経費を払うのか、投資できるのかを確認し、売上を分析することも忘れてはいけません。これを疎かにしては、どんな会社もまともな経営はできません。

数字が苦手な経営者にありがちなことで、赤字か黒字かだけを確認して終わる人も少なくありません。実は、私の父は数字が好きでしたが、経理担当者と税理士からの説明で満足していました。

損益上の問題はプロセスを追うことで見えてきます。変な出費、変な利益、計算の合わない数字、様々な数値が決算書の中には記録されています。プロセスをしっかり見て管理するのが何より大事なことなのです。

数字は嘘をつきません。良いことも悪いことも詳らかに伝えてくれます。

「近代資本主義の父」とも呼ばれた、明治から昭和初期の実業家・渋沢栄一が提唱する「論語と算盤」から「ロマンとソロバン」という言葉があります。夢を熱く語る経営者の方は多く、ロマンも大事です、事業における大きなモチベーションにもなるでしょう。ですが現実に落とし込むと、会社経営においては間違いなくソロバン――お金のことを先に考えるべきだと私は思います。

ですから、社長という会社のトップに立つ人は、数字を扱うノウハウを身につけている人であることが望ましいです。決算書を見て問題点をすぐに見つけ、改善を考えられる人であることが理想です。

ただどうしても苦手という人もおられるでしょう。その場合は数字に強い人を味方につけてください。財務経理の担当者や、税理士や会計士の人がよくある例ですが、この人たちに限りません。経営の根幹ですので、会社の中でも特に信頼できる人であることが理想的です。

承継で一番大変で問題になりやすいのはお金に関わるところです。負債が大きいなら尚更。早急に状況を把握しなければなりません。債務に問題が生じているなら、金融機関や取引先との信頼関係を再構築しなければならない。経費の大きな見直しだって必要になるでしょう。

何より、お金の問題を抱えている会社を次世代が受け継ぎたいと思うでしょうか？　そうならないようにするためにも、会社の数字はしっかり把握して管理し、お金のことをおざなりにして承継することだけは絶対ないようにしてください。

3　一代だけにとどまらず、その先の未来も視野に入れる

実は川口の家系でいうと私の代で38代目になります。残された資料によれば初代は平安時代にまで遡《さかのぼ》り、当時の城跡も残っているそうです。先日孫が生まれましたので、孫は40代目ということになります。資料や記録のあるなしにかかわらず、家族というのは、長く続いていくものです。

だから家業承継の際には、短期的な経営だけを考えるのではなく、長期的な未来についても視野に入れて話しておくことが大事です。

次の世代は何をしたいのか、その先の世代の頃には果たしてどうなっているのか、

会社の業態・業種はいつまで続けられる分野なのか、財産の資産価値はいつまであるのか、現状に固執せず考えましょう。

事業承継のタイミングで、組織や仕組みを改革したり、新しい分野に事業展開したりする会社もあります。

「百年の計」という言葉があります。100年後となると、先の未来過ぎて想像しづらいかも知れません。では50年後だとどうでしょう？　それでも想像するには果てしない未来と思われるかもしれませんが、案外そうでもありません。仮に一代が30年間経営するとしたら、50年後は孫の時代です。今抱っこしている小さな子が経営している頃なわけです。

この可愛い孫たちが大人になったとき、どんな世界になっているのでしょうか。50年後、扱っている商材の価値はどうなっているのか、変わらず続けられる事業なのか、想像を巡らせてみる気になりませんか？

当社は洋服のオーダーメイドを生業としてきましたが、服装の文化は時代の変遷と共に目まぐるしく変化してきました。１００年前の日本人の服装は、ほとんどが着物（和服）でした。それがどんどん洋装化が進み、今では普段着に着物を着る人は珍しくなりました。着たことすらないという人もいるでしょう。

50年で考えてみても、服装の文化はガラリと変わりました。その昔大きな肩パッドのスーツが流行りましたが、今ではテレビのネタで着ている人しか見かけません。逆に50年前にはファストファッションのお店なんてありませんでした。数十年で見ても服の文化は違うものに変化しているのです。ですからこの先50年から１００年後、同じような文化が続いているとは限りません。

サラリーマンの服一つにしてもそうです。スーツ着用が基本とされていたものが、今ではだいぶ変わりました。一年中ジャケットを着て、ネクタイを締める文化は廃れつつあります。異常気象が続く世の中で、夏には熱中症といった身体的な問題も生じています。クールビズなんて言葉も一時流行りました。

Tシャツにデニムで出勤していい会社も増えました、コロナ禍の影響もあってそもそも出勤しない会社も増えているのですから、スーツの需要は明らかに減っています。

100年も経つと服装文化は確実に変わっていることでしょう。このまま異常気象が進めば、極端な話、外気から人体を守るために宇宙服のような防護スーツを普段着として着る時代が来るかも知れません。そうなれば当社はスーツ屋ではなく「防護スーツ屋」になってしまうかもしれない……?! そんなことまで想像します。

想像すればするほど広がっていく未来の話、どれも今は現実的ではないかもしれません。でもありえないとも言いきれない未来です。

ダイヤル式の黒電話が主流だった子ども時代。それが大学生になると携帯電話が登場し、やがてスマートフォンという小さな機械となり、どこでも使える日が来るなんてまったく想像していませんでした。しかし今、私の手のひらにはその小さな機械が存在しています。

未来に対して想像力と期待を膨らませることは、家業を手渡す側の責任の一つです。社内の古い慣習やしがらみ、放置されてきた設備や資材を見直すことから始めると、展望が広がるかもしれません。

広い視野と、新しい視点で事業を考えられるよう、過去に囚われない柔軟な会社の雰囲気づくりなら、今からでも取り掛かれるのではないでしょうか。

4 公平な第三者に関わってもらう

はじめに、「家族には甘えが生じやすい」という話をいたしました。それに通じる話として、家族だからといって常に本音で話しているとは限りません。一方で家族だからこそ話せることもあります。こういった家族ならではの関係にこそ家業承継の罠が潜んでいます。

実際私は、父から後継ぎは自分だと言われていたにも関わらず、経営に関する話はほとんどされませんでした。何故話してくれなかったのか、亡くなった父に問うことはできません。だから想像することしかできませんが、こう言われそうな気がします。

「そんなことはずっと一緒に生活してきた親子なんだから、話さなくてもわかるだろう？」

いいえ、親子だろうと兄弟姉妹だろうと、ちゃんと話さなければ伝わりません。何なら、面と向かって話した内容ですら伝わっていないことだってあるからです。

私は父を見て、そうはなるまいと思っていた筈でした。それなのに自分の息子たちに対してちゃんと伝えられていなかったことに、家業承継を進める中で気付かされました。

昔言ったつもりだったのに、当の本人は聞いていないから知らないなんていう、「言った言わない」の問題が家族間でも頻繁に起こります。今聞いたことを覚えておこうとするかどうかは、その本人の都合でしかありませんし、その都合を言った側が知る由もありません。

我が家は円満で仲の良い方だと周りから言われます。私もそうだと自負しています。それでもこういった行き違いは起こりました。家族だからお互いのことをわかっているという考えは「思い込み」でしかありません。尊重し合っているつもりでも、その中身が不十分であることは往々にしてあります。まさにこれこそ、家族であるが故の「甘え」だと言えるでしょう。

または、仕事の話だと割り切っているつもりでも、家族だからこそ遠慮して聞けず、話せなくなることだってあります。

私には二人の息子がいます。彼らに私は「本当に家業を継いでくれるだろうか?」という不安をずっと抱き、承継の話を長らくできずにいました。断られる可能性はないと言えません。昔なら強制的に継がせていたのでしょうけれど、今となってはそういうわけにいかないでしょう。

私自身、父から後継ぎの話をされたとき、人生のレールを決められてしまったようで強い抵抗を感じました。息子たちもそうならないとは限りません。ただでさえ私の会社は大きな負債を抱えていましたから、負債をなくすまでは話せるわけはないと思っていました。ましてや「こんな借金まみれの会社は継ぎたくない」と言われたらどうしようと怖かった。不安が募れば募るほど話しづらいものです。

承継のことだけではなく、会社の現状についても、面と向かって話したことはほとんどありませんでした。

大きな負債という問題があり、全ての問題が解決してからでなければ言える道理がないと、頑なになっていたのです。こんな負債を次世代にまで残してなるものかと必死でした。

もしかしたら、ずっと話せないままで、人生が終わってしまっていたかもしれません。

意地を張り続けていて、解決の糸口を見出せずに行き詰まりそうになったとき、私は家族でも親戚でもなんでもない赤の他人である第三者の助言と介入によって、ついに息子たちと話をする場を設けるに至ります。

そしてやっと、止まっていた歯車が一気に回り始めたのです。

家族の関係は様々、家業承継に対する問題も同じように様々です。

大きな問題の一つとして、冷静さを失いやすいということがあるかもしれません。家族ゆえに感情的になりやすいということはありませんでしょうか。家族だけで話し合うと社会的な上下関係が関係なくなってしまう。会議をしていた筈が、家族の口喧嘩になってしまうなんてことになっては目も当てられません。

中には最悪のパターンとして、不正行為があったとしても、家族だから是正も告発もできなかった……ことなどもよく聞く話です。

こういった事態を防ぐためにも、フラットな視点で会社や組織を冷静に見て、公平に物事を考え、伝えてくれる第三者が必要なのです。

赤の他人ですから、信用、信頼できるかどうか不安はあると思います。ふれたくない会社の問題点や、家族だけのプライベートな話をしなければならないかもしれませんし、何より自分一人でなく家族の人生がかかっている話です、簡単に任せられることではありません。

18年以上前の借金問題を抱えていない頃の私だったら、家族のプライベートな話をするなんて「恥ずかしい」と思い、家業に他人を介入させて問題を掘り起こす手段など考えることすらできなかったでしょう。

ただでさえ事業が上手く回らなくなると周囲から人が減っていきます。自分の味方となる人がいなくなり、全て一人でやらなければいけないと躍起になってしまいがちです。

ですが一人でできることなどたかが知れています。そんなときこそ、なりふり構わず、赤の他人を頼ることも大事なのです。

私はこの信頼できる第三者に出会えなければ、ずっと家業承継を進めることはできなかったと思っています。信頼できる人と出会えるよう、多くの人と交流をして、見る目を養ってください。

5 承継後のサードキャリアを考えておく

先述の通り、家業承継にはいつまでに終えなければいけないという期限がありません。期限がないのなら、設ける理由を作ってしまうというのはどうでしょうか。

それは家業を承継した後から先の人生、「サードキャリア」の構築です。

そもそも家業承継は、事業を後継者に任せたら終わり……というわけではありません。人生の一通過点に過ぎず、社長を辞めた後も私たちの人生は続いていきます。私の父のように、病気によって急に人生を終えてしまう場合もあります。しかしこの本を読んでいただいている方はそういった悲しい事情ではなく、元気なうちに承継するためにどうするかを考えている方がほとんどだと思いますし、そうあってほしいと願っています。

家業承継は自分が経営できなくなったから、またはそうなりそうだから行うのではなく、むしろ元気で、現役で働けるうちに委ねてしまう方が絶対に良いと、私は思っています。

退職後はもう隠居生活したいという方もいらっしゃるでしょう。でも、長年社会において培ってきたご自身の経験やスキルも隠居と共に終了してしまいます。私は、それはとてももったいないことだと思います。

承継は人生を振り返り、未来を見つめ直すのにとても良いタイミングでもあります。

皆さんは、子どもの頃の夢って憶えていますか？　無邪気に、あり得ない夢を思い描いていたりしませんでしたか？　大人になってからも、夢を思い描くのは、楽しく明るい気持ちになるものだと思います。

創業者である私の祖父は一旦は薬学の道に進み、勉強に励みました。しかし健康上の理由で諦め、まったく違う道で生計を立ててきました。私の父も元々は仕立技術の勉強ではなく、統計学の勉強をしていました。他にも多くの社長たちが、何かを諦めて今の仕事をしているかもしれません。

昨今、「サードキャリア」という言葉が広まりつつあります。一般的な定年年齢で引退した先の、70代以降も活躍する人生設計の仕方です。

日本人の平均寿命はこの数十年の間で大幅に伸びました。定年まで全うして、65歳で仕事を辞めたとしても、あと10年、20年、もしかしたらそれよりももっと人生が続くかもしれないのです。

ですから、もし人生の途中で置いてきてしまったものがあるなら、サードキャリアとして考えてみるのはいかがでしょうか？　あるいは、これまでに夢なんて抱いたことがなかったとしても、新たにやりたいことを見つけるのも悪くありません。なんであれ真剣に打ち込めるものが見つかれば、人生がより豊かになるに違いありません。


じゃあサードキャリアに向けて何か始めてみよう……と考えたとしても、すぐできるものとは限りません。もし事業を立ち上げたいということであれば、資金や人脈、知識や商材など、様々な事前準備が必要になります。それは一日二日でできるものではないでしょう。

このサードキャリアという目標を立てておけば、家業承継をいつまでに行うのが良いのか、自ずと逆算ができるのではないでしょうか。

あるいは逆に、今すぐにでも始めたいという思いがあるなら、直《ただ》ちに承継を考えるべきかもしれません。

この5つが私の経験から見出した、家業承継の大事なポイントです。

それでは次の章からはこのポイントを踏まえて、私が父から会社を受け継ぎ、その後息子たちへ引き継いでいくようになるまでをお話ししていきます。

2章

私の家業承継物語

まずは、私自身のことについてお話しさせていただきたいと思います。家業承継の一事例として、私の会社の成り立ちと、これまで歩んできた人生を少し語らせてください。

幼い頃に見た創業者の姿や、昭和の好調期からバブルの崩壊、父の急逝による家業承継から始まった山あり谷ありの社長人生、そして次の承継に至るまでをお話しします。

幼少期の生活風景と、祖父との思い出

私の会社は、父方の祖父が昭和2年（1927年）に始めた会社です。

創業当初、祖父が店舗を構えた西武池袋線・中村橋駅前の同じ場所で営業を続け、

間もなく100年を迎えようとしています。

当時は、中村橋に駅前商店街ができ始めた頃だったようです。駅前の一等地を陣取ったことに、商売を始めた祖父の意気込みを感じます。

店舗は、昔の商店街によくあった「通り側に店があって、裏手に住居や庭のあるつくり」でした。初代の祖父母、2代目である父母と私、父の弟妹総勢五人と、祖父の弟子の仕立て職人さん、お手伝いさんの大所帯で、その店舗兼住居で暮らしていました。

この大所帯を切り盛りしていた当時20代の母は、どれほど苦労したのだろうかと思います。

中村橋駅前のこの場所が私の人生の中心拠点であり、良くも悪くも私が根を張った場所となります。

祖父は、私が5歳になる前に亡くなりました。とても短い縁でしたが、初孫である私をとても可愛がってくれ、「読み書き算盤」の楽しさを教えてくれた大好きな人です。

「とても真面目で実直、着実に物事を進めるタイプ」と、子どもでさえ感じ取れる人でした。その祖父は、仕立て職人としては少し特殊な経歴を持っていたと言えます。街中で洋服を着ている人がまだまだ少ない頃に洋服屋を始めたわけですが、先述の通り本当は薬学の道を目指していました。それが何故か洋服の仕立屋、テーラーを開業したのです。

薬科大学に通っていた頃に、祖父は肺の病気を患《わずら》いました。「外に働きに出るのは難しくなるのではないか」と思った祖父は、自宅で働ける仕事を身に付けようと考えたのです。そして近隣の仕立て職人さんに弟子入りし、仕立ての技術を学んだのでした。夢であったであろう薬学の道を諦めた祖父の気持ちを考えると、私は今でも胸が締めつけられます。

そして、当時メジャーではなかった洋服を選んだ祖父の決断に、とても痛快さを感じます。薬学から仕立屋とは意外な方向転換ではありますが、祖父はここに何かしらの共通点を見つけたのかもしれません。

洋服の仕立ては、お客様の身体を「計ること」から始まります。生地へ精密な設計図を引き、正確に裁断し、丁寧に縫製して仕上げる、精度の高さを求められる仕事です。仕立ての仕事には数字がつきものでした。そこに理系の経験が活きたとも言えます。

昭和３５年頃の祖父と私

私が物心ついた頃には、祖父が仕立てをしている姿を見ることはありませんでした。「奥」と呼ばれていたスペースの和室で、帳簿をつけたり物書きをしている祖父の横に張りついていた記憶ばかりです。

四六時中祖父にべったりだった私には、忘れられない光景があります。それは、祖父の臨終と葬儀場での光景です。お酒もタバコもやらなかった祖父なのに、肝臓癌となり苦しんで息を引き取りました。

そのとき、葬儀場で子どもながらに考えたことが今でも忘れられません。「祖父と離れたくない」一心で、「棺桶に一緒に入ろう」「いつ入ろう」「入ったらどうなるか」と真剣にハッキリと思い描きました。一方で「そんなことしたら、周りの人がさぞかし驚くだろう」ということも頭を過り、火葬場の片隅の椅子にただじっと座っていました。

今でも頭に斎場の様子が浮かんできます。そのくらい祖父への思いが強く、それは今でも私の心に変わらず残っています。

職人さんたちとの日々もまた忘れられない思い出です。

家族と職人さんとの大所帯で、母は1日6食（三度の食事に10時・3時のおやつと夜食）を用意する毎日でした。私も、大人たちに混ざって食堂で食事をとりました。家族だけではない多くの他人と入り乱れて暮らす、子どもながらに「よその子には味わえないだろうな」と感じられる「人間関係のるつぼ」が私の毎日でした。

当時の遊び場は店の工房でした。工房の中は服地や型紙の切れ端、反物《たんもの》の芯の木枠など、子どもにとっての遊び道具が無数にありました。

工房では職人さんたちの親父ギャグや軽口に鍛えられ、おだてられたり、突然仕事スイッチが入って邪魔者扱いされたりしながら、職人さんの息遣いや仕事の流儀を見て育ちました。職人さんが辞める際には本当にとても寂しい気持ちだったのを覚えています。外から内から私の気持ちの振れ幅を大きくしてくれる環境でした。

大人たちとの触れ合いが当たり前だったこともあり、多分にませた子どもだったと思います。幼稚園に上がる頃には、外向きには、「父」「母」「祖父」「祖母」と言い方を使い分ける敬語の使い手になっていました。まったく人見知りをしない子どもで、

「人間」という存在自体への興味を強く持っていました。
このときに沸いた人間への興味が、現在における人付き合いの元を作ってくれた気がしています。

スーツを仕立てる職人さんたち

すぐ下の妹が生まれる頃に、両親と私は中村橋から北多摩郡（今の西東京市）のひばりが丘へ引っ越すことになりました。引っ越しても両親は変わらず中村橋で働いていましたので、私は幼稚園や小学校が終わると中村橋のお店に「通勤」していました。今っぽく言うなら、二拠点生活です。

でも小学二年生の頃から、学校が終わった後も深夜まで家で過ごすことになりました。妹たちは中村橋のお店に連れて行かれているので、自宅にいるのは私一人です。今ならちょっと危ない状態ですが、学童保育がなく、「鍵っ子」という言葉があった時代でした。

実のところ、私は一人の時間を満喫していました。伸び伸びと好きなだけ本を読めましたし、宿題はどうなっているかと覗かれることもなく、テレビを見て自由に楽しんでいました。

自我が芽生えた私は、大家族から離れてサバサバとしていたのかもしれません。親に放っておかれているという感覚もありませんでした。幼い頃からずっと、父から「長女であるお前は次の後継ぎだ」と言われ続けていましたから。

もし弟が生まれたら、その子が後継ぎになるのにと内心冷めたことも考えていました（こういうところもませた子どもでした）。結局、男子は生まれず三人姉妹となり、父の言葉通りに私が後継ぎとなったわけです。

承継前の家業と私の立場

二代目となった父は、祖父から家業のテーラーを継いだものの、仕立て職人としての道には進みませんでした。職人仕事は祖父の代からいる職人さんたちに任せ、出店計画や他業種への事業拡大などに取り組み、経営に専念していました。

一時、テーラーと一緒に果物屋を経営していたのには、祖父に通じる痛快さを感じます。果物屋に限らず、ベッドなどの家具を販売していたこともありました。今にして思うと、洋服屋とはまったく別の展開が必要だと考えたからかもしれません。

紳士服のオーダーメイド販売は売掛で扱うことが多く、ツケ払いがたくさんありました。お正月に新調しようと年末に一気に購入する風潮もあり、売上にとても波がありました。ツケを払わずに踏み倒されることさえありました。

日々の現金売上を立てられる事業を展開していれば、売掛の割合を抑えられます。そこで小売や飲食の店を立ち上げ、キャッシュフローを安定させようとしたのでしょう。

時代と共に経営手法を変えていくのは今も昔も同じです。

テーラーのビジネスは１９７０年代の始めがピークでした。その後、百貨店が台頭したことにより状況は徐々に変わっていきます。80年代に入ると、大量生産・大量販売をする企業が業界に現れ、一気に顧客が流れてしまいました。

業界の様相が一変し、副社長でもあった母は紳士向けのテーラーだけでは難しいと考え、女性向けの事業展開に動きました。結婚する前に百貨店に勤めていたことがあり、トレンドを見る目を養っていました。その経験を活かし、婦人服の展開に踏み出したのです。

当時急成長を始めたメーカーとの取引を開始し、オーダーメイドではなく既製品を販売するブティック（今でいうセレクトショップ）を展開していきました。

そうして百貨店への出店はもちろん、銀座をはじめ様々な場所に路面店・テナント店を出店しました。これが功を奏し、紳士服が落とした利益を婦人服の展開で補うことができました。

そんな過渡期である80年代の前半、私は大学生でした。

英語を勉強したくて留学を検討していたのですが、わけあって授業が全て英語で行われていた上智大学の比較文化学部へ入学し、国内にとどまって勉学に励みました。

大学を卒業した私は家業には入らず、外資系ラグジュアリーブランドの企業に就職をしました。家業以外の会社を一度は経験しておきたいと思ったからです。

ちなみに入社後まもなくして結婚もしました。寿退社はせず、できる限りの経験を得ようと、その後約3年間勤めました。

この会社では香水、化粧品の日本におけるブランド展開、輸入管理、販売員教育、商品管理に至るまで一通りの販売管理を行っていました。私はそれまで、会社というものは家のことしか知らなかったので、資本も成り立ちも異なる会社での経験は初めてのことばかりでした。ここで学んだブランド戦略は家業においても役立ち、本当に勉強になりました。

28歳で退職し、私は家業に入りました。

私が勤め始めた当時は月売上1000万クラスの店を3店舗くらい抱え、会社としての年商は4~5億円という規模でした。社員数は多いときで50人くらい、売上シェアは小売の婦人服が中心でした。

まだファストファッションは生まれておらず、スカート1着が2万円以上していた時代です。客単価が高く、限られた客数でも十二分に売上を伸ばしていました。

そういった状況下で入社した私が何をしたかというと、お店で接客の仕事をしつつ、「経営企画室」という部署を一人で立ち上げました。主な業務内容としていたのは、広報と販売員教育、社長補佐です。前職の頃から広報や教育の仕事にも携わっていましたが、当時会社にはそのような部署がなかったので、いっそ自分で立ち上げてしまおうと考えたのです。

それ以外にも両親の横について、様々な仕事を経験しました。お客様へのＤＭ（ダイレクトメール）を制作して発送したり、インターネットが普及し始めた頃から早々にホームページを開設したりしていました。ときには父の対外活動に随行し、行政や地域の商工団体との繋がりを学びました。そうして一緒に行動していくうちに、父のブレーン的な役割となっていきました。

こういった業務においては父からいろいろと学べていたのですが、経営に関する話もできていたかというと、あまりできていなかったと思います。今思えばそういう機会に聞いておくべきだったと悔やまれるところです。

他にも私は社外向けの仕事だけではなく、社内向けにも様々な取り組みを行いました。その一つが社員たちに向けたトレーニング活動です。

一般的な社員研修のほか、仕事における心身のバランスの取り方、礼法だけではないプラスアルファの接客方法、顧客満足度の上げ方など、教育面に力を入れていました。この頃から、今の私が活動しているコーチングに近いことを始めていました。

これらは両親が手がけていない分野に取り組んでみようと、自発的に始めたことでした。社員たちからすれば、突然帰ってきた社長の娘が一人部署を立ち上げて、新しい何かを始めていることになるので、内心反発があるかと思いましたが、和気藹々と迎え入れてもらえて安心したのを覚えています。

社長の娘という色眼鏡で見られているという感覚はなかったですが、無言の圧のようなものがあってはと、遠慮しながらのスタートでした。私なりに右往左往しながら頑張っているうちに、努力を認めてもらえたのでしょうか、徐々に距離が縮まって、社長や副社長には話せないような本音を話してくれる社員が増えていきました。立場ではなく仕事で認められているのを感じて、嬉しく思ったものです。

怖いもの知らずだった父が遺したもの

会社の売上とともに企業規模も成長しました。社員数は50人に達するに至りました。しかし、組織としての理念やルールの徹底、管理の仕組みや行動規範を浸透させる前に、あちこちでほころびが出始めました。仕組み化が追いつかないうちに、不正行動が断続的に生じ出したのです。

最も安易な方法がレジでの売上管理で「売上金をレシートとともにポケットに入れてしまう」というやり方です。集計の抜け道を見つけた店長（店舗の管理者）に「出来心」が生まれていました。本人には一見やすやすと横取りできたかに思えるのですが、レジの集計が事務所に行った時点で発覚します。集計データと売上金が整合しないからです。ＰＯＳレジ導入後は、この手の不正は影をひそめましたが、今なら手にとるように原因がわかります。トップの態度が社員の不正行動を引き起こしていたのだと思います。

父は、一見「怖いもの知らず」な行動派です。が、その実は「臆病」だったのだと思います。説明なしにトップダウンで押し進めてしまうことが多かったのは、反対や反発が怖かったからだと思います。これが、20年後に12億という不正に発展するとは、思いもよらないことだったでしょう。

しかし社長のそのやり方が、経理トップの態度を歪ませ、社員の不正行動を引き起こし、ドミノ倒しのように、巨額の不正が生まれる温床となっていったのです。

80年代後半に入り、紳士服量販店の登場によって好調だった当社の事業はだんだん斜陽化していきます。そして90年代になってバブルが崩壊しました。売上の中心だった婦人服のピークもバブルの終焉とともに暗転します。

「中村橋のランドマーク」「ひと足お先に再開発」と地元紙の一面を飾った本社ビル完成は、１９９２年でした。

２００５年の暮れ、父が突然病に倒れ、その約半年後に亡くなりました。食道癌でした。

幼い頃から言われ続けてきた「後継者は長女である私」という話が、ついに現実のものとなります。お医者様からもう長くはないと告げられた時点で私は腹を括り、家

中村橋駅前に建つシュウ・カワグチビル

華々しい竣工式

業を承継する覚悟を決めていました。

ですがこの時点で取り掛かるには、すでにいろいろと遅かったのです。父から会社のことをまともに聞く余裕もなく、あっという間にこの世を去ってしまい、流れるまま暗黙の了解のように家業承継が進んでいきました。社員にも父が亡くなった時点で私が後を継ぐことを話し、悲しんでいる暇もなく、わからないなりにも父の仕事を引き継ぐべく動きました。

まず把握すべきは、会社のお金がどうなっているかです。経理は担当社員に一任していましたから、その人に聞けばわかる筈です。いろいろ教えてほしいと葬儀後の諸々の対応を終えて落ち着いた２００６年6月26日に引き継ぎを頼みました。

ところが、約束の翌27日、一旦出社した経理担当者は、忽然といなくなりました。しかも、事務所の棚という棚から書類が綺麗さっぱりなくなっており、パソコンのデータも空っぽになっていたのです。ここでようやくおかしいことに気が付きました。

辛うじて残っていた資料を慌てて確認すると、異変がますます現実味を帯びてきました。

意を決してメインバンクの担当部長に彼女の出奔《しゅっぽん》を告げ、「これから最大限がんばりますので、ご指導ください」と伝えました。すると支店長と融資部長が飛んで来て、とんでもない事実が判明します。

「川口さん、3か月間の返済が滞っています、今月中になんとかしないと本社ビルが競売になります」

その額、なんと1000万円。猶予は3日。

この融資は組み直したばかりのものでした。「どうなってるんだ!」と疑問と怒りが噴出します。銀行の人に何をどう話をしたのか……聞いた直後は、無意識にいろいろなことを言いましたが、はっきりとは覚えていません。家族(母と夫)と相談して、お香典で賄《まかな》おうということになりました。皮肉なことです。「父が身を挺して守ってくれた」と今でも思っています。

しかし、これは氷山の一角でした。

それから経理資料をかき集められるだけ集めて確認していくと、どう計算しても5000万くらいお金が合わない。確認している間に税金の督促が何通も届き、いろんな人が支払いはまだかと毎日のようにやってきます。わけがわからず、ただただパニックでした。

それでも、取引していた銀行や信金全てに状況を確認しに行き、受けていた融資額について初めて全容を知りました。そしてその返済に回すためのお金や、税金や取引先への支払金となる筈のお金は、あの逃げた経理担当者に横領されていたことが明らかとなりました。

私はずっと、会社の経営は危ない局面があったとしてもなんとか凌いでいると信じていました。しかし、実際には最終的に12億円にも及ぶ負債を抱えていました。この負債総額を明らかにするのに、6年を要しました。

何故そんな巨大な不正に気付けなかったのか。大きな要因は二つあります。

まずはその不正を働いていた担当者を追及しなかったこと。

私は家業に入ると経理の仕事にも取り組んでいました。仕訳入力などの業務を行っていたのですが、決算資料までは見せてもらえなかったのです。疑問のある数字があって確認しようとしても、担当者にあれこれ阻まれて叶いませんでした。

それもその筈、粉飾決算を行っていたのですから。

何も知らなかった私は、その人が経理業務については上の立場ですから、邪魔をしてはならないと遠慮をしてしまったのです。今ならそんなことは関係なかったとわかります。意地でも見せてもらうべきだったと大変後悔しています。

そしてもう一つは、父が会社の数字に疎かったこと。「結果だけに興味があって、追求や確認を面倒くさがった」と言った方が正確かも知れません。経理担当者や税理士さんからの説明を盲信していたことが最大の要因だと思います。

身内の恥を晒すようで頭が痛くなりますが、お金の管理は経理担当者に完全に任せきりで、何もかも大丈夫だと父は「盲信」していました。

だから担当者からしたら不正し放題という情けない状況だったのです。当然、父本人から負債の話をされたことは一度もなく、全てもの言えぬ立場となってから判明したことばかりでした。

これは憶測ですが、担当者に全て任せていたため、父ですらそんな多額の負債があることを知らなかったのではないかと思います。父は長年地元の法人会の活動を手伝い、会長職も受けてきました。亡くなる少し前に、「どうして俺の活動は表彰してもらえないのだろう?」と言っていました。その原因も後々判明します、税が未納だったからです。

父としても借入れをするにあたって何も対策していなかったわけではありませんでした。団体信用保険に入り、もしもの際には保険が下りて返済が免除されるようにしていたのです。振り返ってみれば「自分が死んだ後はいろいろ楽になる」と常々言っていたのです。

しかしながら、それさえも経理担当者が管理していたので、とっくの昔に保険の支払いが放棄されており、父の知らないうちに保険は失効していました。よって、父が計画していた頼みの綱は活かされなかったのです……。

本当に、父の盲信がとんでもない不幸をもたらしてしまいました。「なんでも人任せにしてはいけない」というのが、この承継にあたってまず得られた大きな教訓でした。

そうして、父からの家業承継と共に、私の激動の社長人生が幕を開けました。12億の借金という、巨額の負債と戦い続ける日々が始まったのです。

トラブル続きの借金返済と事業経営

私は夫と二人で、とにかく会社の実状を把握しようと全てのリソースを割きました。税務署、社会保険事務所、銀行、信金、とにかくお金に関わるところ全てに毎日のように足を運んでいました。

状況は散々でした。担当者は経理書類を処分していなくなったので、従業員に支払っている給与がいくらかさえもわからない。税金も保険料も滞納の山で、督促が矢のようにやってきました。当時は、何種類税金があるのかもわかっていませんでした。

個人の固定資産税から法人税まで、ありとあらゆる税金がものの見事に全て未納でした。

いっぺんに納付することなど夢のまた夢でした。税務署に足繁く通い、本税と延滞税の分割納付を申請しました。課税は毎年やってきます。それも分割納付にして、延滞税はさらに積み上がるという状態でした。

当時、取引先への支払いは小切手・手形を手渡しして行っていました。6月末日に集金にみえた20社の社長さんや担当者さん一人一人に正直に顛末を話し、小切手の決済日を二か月先延ばしにしてもらいました。本当に申し訳ないことでした。

当然のことながら、経理担当者の逃亡後ただちに顧問税理士の先生に連絡をしました。

「今後は、お金の流れを透明にして正しい経理を行いたい」と伝えました。しかし、この方は信頼に値する方ではありませんでした。

2006年10月のある日、別件で確認したいことがあって税理士事務所に電話をしました。電話に出るなり「そういえば、遺産相続の手続きは終わっていますか?」と他人事のように聞かれました。

「早くしないと追徴課税されますよ」「だからマニュアル置いて行ったじゃないですか」という言葉が続きました。

そう言われてみれば、事務所に先生が立ち寄って黄色い本を置いて行ったことを思い出しました。

経理担当者の不正に先生は気付いていた筈ではないか？　という疑念を経理担当者の出奔以来ずっと抱いていたので、不毛な関係性を断ち切るべく、契約は解除させていただきました。お金を扱う士業との関係は本当に重要であるとつくづく痛感しました。

不本意にも、警察沙汰や裁判沙汰になることもありました。不渡り（当座預金が不足し、小切手や手形の決済ができなくなること）の危機に晒されたこともありました。手形が不渡りとなったら、多くの場合（当社の場合は確実に）会社は倒産します。信用は地に落ち、あらゆる収入が止められ再起不能となるでしょう。そうならないためにもひたすら金策に走る日々の繰り返しで、とにかく時間がありませんでした。警察とのやり取りや裁判は利益を生まず、ただただ時間を浪費し、精神を蝕みます。そのような事態を引き起こすことのないように、どんな事業においても信頼できる士業の味方を見定めておいた方が良いと強く申し上げたいです。

時間に追われる日々が目まぐるしく過ぎ、2012年頃になってようやく商売のことに手を伸ばすことができました。

昔から母と店舗のことを話すと、必ず出てくる話題がありました。

「なんであの出店をしたんだろうね?」という話です。

40年ほど前の、ブティック全盛期の羽振りの良い時代の話です。

父はメーカーから勧められると、不便なところでも市場調査もせずに出店をしていました。現場対応は母でした。まだ路線のつながっていない時代のことです。今なら片道1時間足らずで通える場所に往復4時間以上かけて通っていました。父は、頼まれるといい顔をしてしまうところがあったのです。

こうした資金繰りを全て前述の経理担当者に任せていたのも、不正の温床になったと思います。そうして、新しい店を次々に出していきました。しかし、全盛を極めた「ブティック」も時代に押し流されるように勢いをなくしていきました。

私が引き継いだときに、それら立地の悪い店は全て畳まれた後だったことは、不幸中の幸いでした。

負債処理に残されていた店舗は、本店を含む4店舗でした。ドル箱店舗もあったので、借金の返済がなければ……と思うことはありますが、「たられば」を言っても何も生み出すものはありません。そのときに与えられた「手元に何もない（失うものがない）」状態を活かすしかありませんでした。

本店は、祖父が1927年に店を張った中村橋駅前の一等地、ビルの1階にありました。しかし、紳士服量販店とファストファッションの波に呑まれ、負債に追われていた私たちは、苦渋の選択で早々にそこを退き貸し出しました。テーラーは父が社長室として使用していた部屋へ（私には社長室は必要ありませんでした）。テーラー以外のブティック3店舗は移転や改装など策を講じて経営を続けたものもありましたが、巻き返しには至らず、残念ながら全店閉店するに至りました。詳しくは4章にてお話しします。

原点回帰、そして原点の新展開

最後に残ったのは、原点である中村橋の本社ビルにあるテーラーでした。

このテーラーも続けるべきかどうか当然悩みました。しかしブティックと違い、テーラーには大きな利点がありました。オーダースーツには、先行投資や在庫が必要ないのです。受注販売ですから、すでに生地サンプルを持っている我々にはリスクがありません。

1階店舗は貸し出し、9階の社長室と事務所の半分にテーラーを移しました。

ここは生まれ育った街でもあります。祖父や、住み込みの職人さんたち、そして祖父から続く大家族のみんなが根付いて暮らしてきた所です。79年間（当時）にわたる年月で培われた、彼らの思いもこの場所で形になっているのです。

いろんな人の思いが詰まっているこの場所は、私にとって聖地。先人がいたからこそ受け取れた貴重な財産です。そう簡単に手放してはいけません。

私は原点であるこの街でテーラーを続けていくべきだと、先祖から言われているような気がして、経営を諦めてはいけないと決意を新たにします。ここを活かし、原点からの復活を目指しました。


また、中村橋の本社ビルが私たちの生活を辛うじて守る、借金返済の源泉になっていました。賃貸ビルとして最も価値のある1階を自店舗で使用しても、かつてのような売上を見込むことはできませんでした。先述のとおり、自店舗のテーラーは空中階に移し1階から8階までの全フロアを賃貸物件として貸し出すことにしました。おかげで毎月の銀行への返済が滞ることはありませんでした。

この時点で残された仲間は、私たち家族と数々の困難に耐えた古参の社員一人とパートさん一人だけでした。ですから、広い事務所も社長室も必要ありません。9階の社長室兼事務所兼店舗からみんなで原点回帰して、テーラーからもう一踏ん張りしようと動き出しました。

このとき、事業はビルの家賃収入に特化する選択肢もあったかも知れません。しかし、それではアイデンティティ（自分が自分であること）を失います。自分を失って、負債を完済する40年間を生きることは、苦しい。恐らく、家賃収入だけを選択していたら、今日はなかったでしょう。

希望を持ち続けることにはエネルギーが必要です。でも、自分が自分であると信じることが生活そのもののエネルギーの源泉でした。返済に多少時間がかかろうとも、テーラー事業は継続し、せめて子どもたちを大学まで行かせられる生活はしようと決めました。

しかしながら、今まで通りのやり方で得られる利益では返済の足しにはならず、むしろマイナスを生んでしまいます。ひどいときには、片手で数えられる程度しかお店にお客様が来なかった年もあったのですから。

この崖っぷちの状況を機に私は、何十年と変えてこなかったテーラー事業のあり方を見直すことにしました。おそらく事業が順調だったなら、見直しをかけようとは思いもしなかったでしょう。

とにもかくにも新規顧客を獲得しなければなりません。様々なことに挑戦し、一番効果的だったのはクーポンサイトの活用でした。

昔からのＤＭ等による顧客リストはありましたが、年齢層はどんどん上がっているため、有効な顧客は激減していました。かといってまた新たに紙のＤＭを発行したところで、大した効果がないことは目に見えていました。何よりお金をかける余裕がありません。

この頃にはもうインターネットもスマートフォンも普及していました。これらを活用できる新しいやり方はないかと模索する中、見つけたのがある人気クーポンサイトです。

クーポンというと、飲食店や美容院、エステのイメージが強いかと思います。私もそうでした。スーツどころかアパレル系の商材自体がほとんどありませんでした。でもそれは裏を返すと、まだ開拓されていない市場であるということです。

私は広告代理店に問い合わせてみました。最初は「クーポンサイトでオーダーメイドスーツ？」と担当の方は首を傾げられていました。ですがぞんざいに扱われることはなく、ありがたくも「他にはなくて面白そうだから挑戦してみましょう」と取り扱っていただけることになりました。

インターネットでの展開は、初期投資が全く必要ないことが何よりもメリットでした。百貨店や路面店では数千万かけて出していたようなお店を構える必要も、新たな店員を雇う必要もありません。店舗紹介のページを作る必要はありましたが、それも無料の範囲で代理店が作ってくれました。

ただクーポンサイトなので定価販売はできません。手数料等を差し引いて利益として残るのはほんの僅か、数千円残ればいい方です。ですがマイナスにならないだけで十分でした。立地や商材からして、衝動的に来店されることは困難です。少しでも新しい人が来てくれるのなら、広告費として無駄ではないと考え、私はこの策に望みをかけました。

すると狙いは想像以上に的中しました。スーツのクーポンというのはやはり珍しく、そして需要もあり、少しずつ中村橋のお店へお客様が来てくださるようになったのです。しかも近隣の方だけでなく、沖縄から北海道まで、日本各地から来てくださったのには本当に驚きました。

このクーポンサイトでの成功事例が機となり、様々なサイトに出店させてもらえるようになりました。そうしてほんの僅かしか残っていなかった顧客リストがどんどん増えてゆき、始めた当初の件数からなんと約１００倍に増えていました。10倍になったら万々歳と思っていたので、嬉しい誤算です。リピーターになっていただいたお客様も多く、利益も残せるようになりました。

これが２０１０年代後半の頃の話です。借金の返済に苦しみ続けた約10年、なかなか打開策を見出せなかった中、ようやく大きな成果が生まれました。

立ちはだかるコロナ禍、そして……

その後クーポンサイトは次第に廃れてゆき、私たちも撤退しましたが、それからも継続して来てくださるお客様はたくさん残りました。中には二世代で、息子さんを連れてお店にやってくるお父様がおられたのは大変嬉しかったです。

このクーポンサイトの恩恵は２０２０年の初め頃まで続きました。ですがそれ以降一気に減少します。

そうです、コロナ禍が始まったのです。


事業に光明が見えてきたところで、とんでもない大打撃でした。承継時の借金12億円を知ったとき以来の、第二の谷底に落とされたくらいのダメージといっても過言ではありません。

使える補助金、助成金、融資は片っ端から申し込みましたが、入ったお金は右から左へとすぐ消えていきます。一方で相変わらず固定資産税や消費税など、何もしていなくても負債は増えていきます。都度、策を講じて解決していきましたが、どれもその場しのぎの対策で一向に安心できる状態にはなりません。一つ解決してはまた新たな問題が現れる、そんな状況がずっと続きました。

このとき何が一番苦しかったかというと、承継時に未納だった税金の支払いが、実はまだ続いていたことです。こういうときにこそ当てにしたい銀行の融資は、もう頼れません。コロナ禍の中、10年以上にわたる負債という現実が重く重くのしかかり、手詰まりを感じ始めていました。

その頃、私は借金返済のことにかまけて、父と同じように大事なことを後回しにしてしまっていたことに気が付きます。

私はもう60歳を超えていました。亡くなった父の年まであと数年。もしも私も同じようになってしまったらと不安が過《よぎ》ります。コロナ禍で一層、身体的な不安は大きくなっていました。

私はやっと、自分自身の承継について考え始めました。

それまでまったく考えていなかったというわけではありません。実は不動産の管理に別会社を立ち上げ、その株主は私の息子たちにしていました。今までにやってきた承継らしいことといえばこのくらいです。

でもその管理会社の収入は、結局借金の返済に回す有様。引き継いだ財産というには心許ない状態でした。

やはり、とても承継にまで手が回せる状態ではありませんでした。私も夫も、とにかく借金をクリアにして会社をクリーンにしたい、継いでもらうのはそれからだと、必死で16年間1日も休まずに働き続けてきました。

しかし、強制的に休まざるを得ない状況が訪れます。私が外出中に事故に遭い、1か月以上の長期入院。夫も病を患い入院する事態になりました。物理的に動けない状況となり、仕事は完全にストップします。こんな事態は初めてのことでした。

自分の年齢と、コロナ禍にも煽られる不安の中、ついに「自己破産」という言葉が頭を過ります。これで終わりかもしれないと諦めつつありました。

ですが、仕事が破綻することはありませんでした。

息子たちとそのお嫁さんが、本業もある中で私たちの滞っている仕事を巻き取り、抜けた穴を埋めてくれていたのです。それはいつまでも子どもだと思っていた息子たちが、社会人として自立している姿をちゃんと目にした出来事でもありました。

この一連の出来事で得られた安堵感から、私はいろいろな気付きを得ました。今までなんでも一人でやり過ぎていたのかもしれません。自分の代わりはいくらでもいるし、一人でできることにも限界があるのだと、もっと早くに気が付くべきでした。

文字にすると数ページで終わってしまう出来事ですが、とにかく必死で、ずっともがき続けてきた16年間でした。

私が挫《くじ》けずに頑張って来られたのは家族の協力と、絶対に借金を返し、家族はもちろん、関係してくれた人たちがみんな幸せになるんだ、誰一人不幸になってはいけないという、大きな気持ちをずっと持ち続けてきたお陰だと思っています。

我ながら変わっていると思っていますが、私と関わってくれた方は誰であっても幸せになってほしいという強い思いがあります。これが私の原動力でもありました。

だからこそこんな借金くらいで干からびていてはいけない、みんなを幸せにするには私が元気でなくてはいけないと、強い意志を持ち続けていました。

だとしてもついにここまでかと挫けそうになりかけた、２０２２年頃の話です。

まだ知る由もありませんが、この先に待っている偶然の出会いが人生を大きく変えることになります。

私はここで終わることはありませんでした。

3章

家業承継プロジェクト、はじまる

２００６年に父が亡くなり、長女の私が家業を継いでからずっと、私の社長人生は借金返済に明け暮れる日々でした。

振り返ると、あのときこうしていればと悔やむことはたくさんあります。例えば家業に入った後、すぐに財務経理の勉強をして、父の右腕になる努力でもしていれば、まったく違う結果になっていたことでしょう。

しかし時を戻すことはできません。私たちにできることは、これからの未来をより良くする努力を怠らないことだけです。そのために私は頑張ってきました。

承継後多くの災難が降りかかり、振り回された16年でしたが、突如として状況が一変します。

これまで重くのしかかっていた負債を解決し、そしてずっと踏み出せないままでいた私自身の家業承継に向けて、一気に状況が進むのです。

果たしてどうやって我が家の家業承継プロジェクトが始まり、満足のいく結果を残せるに至ったか、その一部始終をお話しします。

｜ 公平性を持った第三者との出会い

借金返済の傍らで、私はコーチングの活動にも身を投じていました。この活動は借金返済の人生で潰れてしまいそうな私を支えてくれ、活動を通じて様々な経営者との交流機会の場も得られました。

その場に限らず私はテーラー事業の社長であることも、12億の借金を背負っていて返済を続けていることも公にしています。するとその状況に付け込んで、怪しいお話を持ちかけてくる人がたくさん現れました。妙な広告収入の申し出や、不利益な不動産の買収情報など、得する情報のように見せかけて、実際は何の得にもならないようなものばかりでした。

コロナ禍で心底まいっているときにも、何度となくそのような話を持ちかけられて不安になり、ずっと気持ちを強く持ち続けていた私も、さすがに人間不信に陥りそうなこともありました。

そんな折、私はコーチング活動の場で竹口晋平さんという方と出会います。

私が開催したセミナー参加者の一人で、他の参加者と同様に中小企業の社長として活躍されている方でした。私と同じアパレル系の小売業を経営され、更に同じく負債や家業承継で苦労された経験をお持ちという、非常に共通項の多い方だったのです。

16年目にして「やっと仲間に出会えた！」と思いました。

分け隔てのない人柄ですぐに意気投合しました。セミナー参加者との交流はその場限りで終わることも多いのですが、その日だけにとどまらず、彼は後日会社にも訪ねて来てくれました。交流を重ねていくうちに、互いの仕事について密な話もするようになりました。

そうして私の境遇についていろいろとお話ししていく中で、あることを問われます。

「借金はともかく、息子さんたちは家業承継についてどう思っているの？」

借金返済や税金対策の上手い話ばかり持ちかけられることの多かった私は、それをさておいて家族の話をされたことに驚きました。

どうしてそのようなことを聞くのか尋ねたところ、ご自身の家業承継について体験されたことを私に話してくださいました。

竹口さんは、同業のアパレル出身でした。年商10億の会社を育てた方です。お父様が経営されていた縫製工場がキャリアのスタートでしたが、ずさんなワンマン経営に納得できず、お母様を連れて独立されたそうです。しかし、借金だらけの会社を身内に継がせることはできないと、その会社を10年前に売却され、今は数社を運営しています。

アパレル、借金、家業というキーワードに共感しかなく、話を聞いていて深く頷くばかりでした。私の父も同じでしたから。

私の話を聞いて、自分の経験と同じように家業を引き継いで大変な状況にあると知り、お節介でもちゃんと話を聞こうと思われたのだそうです。今までそんな人に出会ったことはなく、心の中に安堵感が広がりました。

そうして普段悩んでいる些細な話から重い話までいろいろと私の話を聞いてくださり、私がずっと「今じゃない」と先延ばしにして、心の片隅に置きっぱなしにしていた未来の話を、自然に遠慮なく掴みに来てくれました。

昔、本気だったかどうかは別として、息子から「後は継ぐよ」と言われたことがありました。私はその言葉を拠り所にして頑張っていたところもあります。漠然と「いつかは」という当てのない希望を持っていました。

しかしながら、家業承継をするには借金をクリアにするのが絶対条件という思いが拭えず、ずっとずっと踏み切れなかったのです。

借金があっても、それごと家業承継をする経営者の方もおられます。両者が納得をしているならそれもありなのでしょう。でも私は、一切の不安をなくしてからでないと、バトンタッチをしてはいけないと思っていたのです。だからいつでもどこでも、家業について相談するときは、負債をどうするかという話ばかりをしていました。

ですが竹口さんは自身が苦労された経験を踏まえて、私の状況では永遠に承継できる日が来ないと断言されました。「きちんと現状を開示して、未来を選択させることが先」と言われ、私は目から鱗が落ちる気持ちでした。

私は普通の会社員ならばもう定年を考える年になっている、今のままでは生きているうちに借金が全て返済できる確証もない、それなのに次世代のことを考えていないことの方が借金よりも問題だと諭されたのです。まったくもってその通りでした。

このときまで、息子たちの意思をはっきり確認したことはなく、また会社の状況についても、具体的な話をしたことはありませんでした。

なかなか先に進めない私に、竹口さんはこのような提案をされました。

「家族だけで家業の話をしても、身内であるが故にまとまらなかったり、揉めたりする。だから自分という『第三者』を間に入れて家族と話し合ってみてはどうか」

1章でもお話しした通り、家族間で仕事の話をすると、家族だからとどこか「甘え」が生じがちです。真面目に話をしても本気にしてもらえない、逆に私も本気に捉えない、言うべきことを言わなかったり、感情的になってしまうこともあるでしょう。家族だからこそ素直になれないこともあります。

でも、ふと気が付いたのです。それは竹口さんの紹介を兼ねて、家族と食事会を開いたときのことでした。息子たちが普段なら話さないような本音をポロポロとこぼし始めたのです。第三者がいることで一家団欒とは違う雰囲気が生まれていました。

試しに、竹口さんに息子たちの本音をもっと探ってもらいたく、私のいないところで対話する機会を設けてもらいました。すると、私には話してくれることのなかった承継への本音を漏らしてくれたというのです。

水臭いことをせずに、直接話してくれればいいのにと思うのですが、親の前では正直になれない気持ち、わからないでもありません。私にだってそういう感情はありました。

公平性のある視点を持った「第三者」が介入し、ときにはファシリテーターの役目をしてもらうことによって、家族間の甘えを抑え、スムーズな話し合いができることを知りました。耳に痛い話でも隠そうとせず、ちゃんと必要な話を正直にして、互いを理解する状況をつくり出すことができたのです。

こうしてついに、「川口家の家業承継プロジェクト」が本格始動しました。

話し合える空気をつくれたら、後は会社の会議と同様に議論を進めていけば良いのです。お金の話、事業の話、不動産や雇用の話など、会社に関わる事項を整理して一つ一つ話していきました。

こんな大事な話を、どうして今まで後回しにしてしまっていたのだろうと、私は反省しきりでした。

家業は家の話と経営の話を一緒くたにしがちです。そうならないようにするためには、客観的な視点で話せる人が必要です。だから第三者を頼るという決断が本当に重要でした。

また、家族間の話だけではなく、事業の問題においても、第三者が介入することの有用性を実感しました。竹口さんと話をしていく中で、「今受けている儲け話だって本当に大丈夫なのか」という話にもなりました。

例えば、不動産のいい買取り話があるというが、本当にちゃんとした利益になる話なのかどうか、次世代にも有益な取引なのか、ちゃんと確認しましょうと指摘をされます。そうして確認してみれば、ほとんど私たちに利益の残らない話だったと判明しました。

病院のセカンドオピニオンではありませんが、別の不動産に詳しい専門家にも意見を求めてみれば、その方たちからも怪しい話ではないかと指摘されました。

このとき彼から助言を受けていなければ、二束三文で不動産を手放していたかもしれず、本当に肝が冷えました。

返済計画についても、いろいろなコンサルタントからリスケジュール（金融機関と交渉して融資の返済条件や金額を変更してもらうこと）をした方がいいとアドバイスされたことがありました。金融関係に詳しい人が言うのだから、そうした方が良いのかもしれないと、気持ちが傾いていました。

しかしそれも本当に大丈夫かと竹口さんから助言を受けます。リスケジュールすること自体を反対しているのではなく、タイミングや金融機関との関係性など、まずはちゃんと精査しているかということを問われました。

リスケジュールすると、金融機関からの信用度も大きく変わります。家業にも関わることですから、今後は自分一人で決めるのではなく、後継者ともちゃんと話し合ってから決める方がいいと諭されました。

そういった承継に関わる様々な問題について彼と話を続けていくうちに、そもそも会社が冷静な決断をできる状態になかったのだと、遅ればせながら気付かされました。俯瞰して物事を見ることができず、最優先の事案も先送りにしてしまっている、正確に物事を語れているかどうかも怪しい状態になっていたのです。

大きな負債に縛られ、想像以上に雁字搦《がんじがら》めになっていたと自覚し、自分の力だけではこの鎖を解くことはできないのだと冷静に考えることができるようになりました。

この歳になって気付くなんて、時間がかかり過ぎだと思われるかもしれませんが、承継時の自分や、10年前の自分では気付けなかったのです。どれだけ大きな問題であっても、自分でなんとかできると過信していたのを否めませんし、自分の会社のことを他人に任せるのは恥ずかしいことだという思いもありました。

ですが恥ずかしいなどと言っている場合ではなく、藁にも縋る思いだというなら、本当にプライドも何もかも捨てて縋ってしまえば良かったのです。

その藁は脆いものだとは限りませんし、「他人に任せる」と決断するのも社長の仕事なのです。

とは言うものの、どんな人に頼むのか簡単に決められることではありませんよね。難しさはわかります、私自身も竹口さんと出会うまでに16年もかかりました。出会ってからも、決断までには葛藤がありました。

社長という立場にいると自分の情報をいろいろなところで開示することになりますから、事情を聞きつけていろんな人が近付いてきます。中には怪しい話、疑わしい話を持ってやって来る人も少なくありません。

そういう「生業の人」からは、私はいい「カモ」に見えたでしょう。

だったら、そうではない「生業の人」という基準で線引きするというのが良いかもしれません。自分を貶めたところで利害が何もない人と交流を持ってみるのです。その中に常識的な思考を持っていて、近い境遇にある経営者や事業者がいるかもしれません。

そんな人をもし見つけられたら、ちょっとお話ししてみてはいかがでしょうか。何かヒントが得られるかもしれません。

2 現状を数値化すること

私は竹口さんのアドバイスを受けて、息子たちと話し合うための説明資料を準備しました。

借金を抱えているということについては昔から話をしていました。でも具体的に今現在いくらの借金が残っていて、今後どのくらいのスケジュールで、いくらずつ返済し、完済予定はいつなのかまでは共有していません。借金だけでなく事業の現状、売上はいくらあって利益がいくらあるかなども、財務経理における細かな話までしたことはありませんでした。

そういった話をしてこなかったのには、息子たちに苦労を感じさせたくないという親心があったのを否めません。彼らが進学を考える頃に、学費のかかる私立にはいけないと伝えたときには、凄く心苦しかったのを覚えています。

ですが二人はもう小さな子どもではなく、社会人として活躍する大人になりました。家のことだけでなく家業の実情を知る権利があります。

普段の日常的なことは本音で話し合えていても、家業に関してだけは本音で話し合えていない状況がずっと続いていました。打開するためには、嘘のない情報を揃えて明示する必要がありました。

たくさんの借金がありますとだけ伝えられても、規模が見えないとどう受け入れればいいのかわかりません。「大きい額」という言葉一つでも、1000万と1億では全然違います。

何より、数値の情報は言葉だけで伝えるよりも明確に事実を伝えてくれます。何をどう言い訳したってプラスはプラス、マイナスはマイナス。嘘をついても、必ずどこかで綻びはバレます。

数字で物事を話そうとすると曖昧な話ができなくなります。この数字をいくら増やせばプラスになるのか、いくら使うとマイナスになるのか。この金額を削減するためにはどうしたらいいのか、精神論で話さずに、進むべき方向、取るべき行動が具体的に見えてきます。

自身の会社について説明するにあたり、上手く行っていても行っていなくても、どうしてそういう状況に至ったのか、明確に説明できない社長もいらっしゃいます。何故、説明できないのかというと、把握できていない会社の実態（数字や中身）があるからではないかと思います。

数字を見れば、突きつけられる現実に言葉を失うかもしれません。結果にあまりにも救いがなければ逃げ出したくもなるでしょう。でもそのまま事実を隠していてもいいことは絶対にありません。

隠し事、秘密は、破綻への入り口です。妙な権力を生むことにも、つながり兼ねません。どうか勇気を持って、後継者へ事実を伝えることをためらわないでください。事実をちゃんと伝えるために、そして言い訳ができないよう退路を断つためにも、数値化した情報をしっかりと準備しておきましょう。

数字を詳らかにするのは、はっきり言って、すごく恥ずかしい作業です。私は第三者どころか、できれば家族にも見せたくはなかった。支払いや未納を補うために、銀行融資からカードローンに至るまであらゆる借金をしていました。なりふり構わず借金まみれの有様を見せるというのは、経営者として受け入れ難《がた》い醜態でした。

父の代まで遡ることになったので、いかに杜撰な管理をしていて、会社内部でどんな不正が行われていたか、会社の汚点そのものを見せることになりました。

しかし過ぎたことを隠していても仕方がありません、何もかも開けっ広げにして取り組む覚悟を持つことが大事なのです。

私たち家族は竹口さんにも協力してもらい、「資産管理会議」を設けて、経理数値のほか、今所有している不動産、事業の状況、金融機関との関係など、会社が抱えているもの全てをリストアップする作業を行っていきました。

リストアップした内容をもとに、公平なる第三者が交通整理のようにファシリテートを行い、煩雑になりやすい家業の話を「家のこと」「経営のこと」「過去のこと」「今のこと」「将来のこと」と分けて話し合いました。

この整理作業は並大抵の作業ではなく、およそ2年の年月を要しました。当社は横領事件という大問題があったことで時間がかかったということもありますが、どんな会社であっても短期間で終わる作業ではないと思います。当社では、30年前の取引先にまで確認しなければいけない事案もありました。それほどまでに一企業が抱えている情報は多く、煩雑かつブラックボックスになりやすいものです。

とても大変な作業ではありましたが、不明瞭だった情報がどんどん明確化されてゆき、家族で公平に話し合って解決していく過程に、やがて私は楽しさを感じていました。息子たちの普段見られない一面も目にして、将来の夢も広がっていきました。

この2年は私にとってかけがえのない、大切な時間となりました。

3　息子たちの本音と、負の遺産

詳らかになった情報から現状を知り、長男は、率直に「そこまでだとは思わなかった」とショックを受けていました。一方で次男からは「こんなものだと思っていた」とまったく逆の反応をされます。

これもまた、話し合いの場を設けなければ知らないままだった息子たちの本音の一つです。私は二人へ同じように伝えていたつもりでしたが、伝え方の違いや、受け取り方の違いなのか、認識は真っ二つに分かれていました。「つもり」と「思い込み」は、家族への「甘え」と言えるでしょう。

全ての情報を共有した後、会社にあるものをどうしていきたいかを、息子たちと話し合いました。

自分たちが承継するとしたら、必要なもの、手放すべきものは何か。広告の廃止、備品の廃棄、ＷＥＢ関係の契約や接待交際費の見直しなどを行い、負担になるものはどんどん減らしていこうと意見が挙がります。

そんな中、竹口さんはある一つの本音を息子たちから引き出してくれました。

「承継する上で、先祖から引き継いだ不動産を残すことにこだわらない。不動産は売却していい」

売却を検討する不動産の中には、中村橋の本社ビルも含まれていました。

本社ビルは、私の聖地です。祖父の代から根付き、大事な家族が生まれ育ったところで、事業を始めた土地です。そこに父が建てた一大拠点でした。家族だけでなく、数えきれないほど多くのお世話になった方々の思いや歴史の詰まった場所です。

ここは私たちの魂そのもの、手放すには相当の覚悟がいる話です。

今までにも、売却を検討する機会はありました。10年ほど前のことです。話も進み、準備をしましたが、葛藤のあまり体調を崩すまでになりました。これは、先祖が止めているのだという思いが募《つの》りました。ここを失えば全てが終わってしまうような気になり、以来、頑《かたく》なにビルの売却を封印してきました。

ですがこの受け入れられない気持ちは、ある意味功を奏しました。税金対策も次世代への準備もおぼつかないまま売却しても、その場しのぎで終わり抜本的な解決には繋がらないばかりか、財産すべてを失っていたかもしれません。


このように長らく封印してきたビルの売却について、ついに見直す機会が到来しました。息子たちとの資産管理会議にあたっては、事前に竹口さんとビルの売却シミュレーションを行っていました。

不動産には、様々な問題が潜んでいます。個人名義でビルを所有している場合は、相続や売却に莫大な税金がかかります。その問題については10年の時を経て解決していました。先述の通り、息子たちを株主とする不動産管理の会社を立ち上げていたからです。本社ビルの名義（所有権）もその会社に移し終えていました。

また売却方法によっても額が大きく変わります。いかに「出回り物件」（買い手のつかない売れ残り物件）としないようにするか、それには信用できる不動産専門家の力が必要でした。こういった専門家との出会い探しも私たち夫婦だけでは難しく、竹口さんの協力がなければ頓挫していたことでしょう。

売却における様々な対策を行い、未来像を明確にし、準備を整えた上で不動産について家族で話し合いました。

「借金のない状態で自分たちは未来をつくりたい」

続く息子たちの言葉に、ずっと私が抱えていた大きな氷の塊《かたまり》が、一瞬で溶けて消え去ったのを感じました。

私が「財産」と思って守っていたものは、「呪縛」でもありました。それに気が付き、そして息子たちの言葉によってようやくその呪縛から解き放たれたのです。

冷静になって考えると、現状を変えないまま借金を返済して行くなら、私が90歳になるまでこのような生活が続くのです。そんな途方もない話なのに、いつまで雁字搦めになっているつもりだったのでしょうか。

家族と腹を割って話したことで、客観的に考える余裕が今までなかったのだと改めて気付かされました。守り続けてきた財産に対するこだわりが消滅し、私の心は晴々とした気持ちで満たされていきました。

自分はもうこの財産を手放していい、不動産売却に全エネルギーをかけていいのだと許すに至ったのです。

大きな決断に至れたのはやはり、第三者である竹口さんが、ファシリテーターのように参加してくれたことが最大のポイントでした。

家族だけで話し合うと、どうしても経営の話が、家族、親子の話になってしまいがちです。経営の話に、私情を持ち込んではいけないのです。

第三者を入れることで、これはあくまで「経営の話」であるとして、公平な視点で話を進められました。川口家、そして家業におけるこの先の100年、200年を考えたとき、本当に必要なものは何かを考えようと、真剣に腹を割って話し合いました。

私はやっと事業を俯瞰して見られるようになり、いろいろな人たちの力を借りて、最良の形で不動産を売却することができました。これまで私たちを苦しめ続けていた負の遺産を、やっと手放すことができたのです。

ついに抱えていた借金はゼロになりました。

ようやく、家業における私のゴールが見えてきました。

しかし、家業承継は手続きが済んだら終わりではなく、社長の座を渡した後もやることはたくさんあります。経営経験のない息子たちに渡すので、いろいろな人の助けも必要となるでしょう。

私が受け継いだときには助言を得たくても得られませんでした。私は父からの引き継ぎがままならないまま社長となり、半人前のままもがいてきました。

でもこれから行う新たな家業承継は、そのときとは全く異なります。

私と息子たちが顔を合わせ、ちゃんと話し合うことができます。これがどれだけありがたいことか、一番わかっているのは私自身です。今まで「ああすればよかった、こうすればよかった」と心を苛《さいな》んでいた後悔も、ようやく消えてくれそうです。

彼らには、一緒に働けるうちに頼りにしてもらいたいですし、私も助けたいと思っています。

ここに至って、家業承継を踏み出せなかった理由がもう一つあったことを思い出しました。負の遺産を清算するだけでは、父から残されたものの清算に過ぎず、私自身がちゃんと残せたものが何一つない。後世に残せるものが何もないのに引き継いでどうするという躊躇《ためら》いです。

借金という重荷をゼロにして引き継ぐことは私の悲願でもありましたが、ただ借金を返してゼロにするだけではなく、ゼロから次へと進んでいる姿を見せなければという考えに至りました。

そのためには過去に縛られている場合ではありませんでした。次の未来へ私自身がしっかりと進む必要があります。

本当に肝心なことは、次世代に続く人たちが安心して未来を作れること。息子たちのため、未来へ向かう姿を見せるという考えに至れたとき、私は一気に羽ばたくことができました。

4 次の後継者

私は、息子たちに「あなたが後継ぎだ」という話を子どもの頃からしないようにしてきました。かつて私が父から言われ続けてきて、とてもプレッシャーを感じていましたから、同じような苦しみを自分の子どもには与えたくなかったのです。

それでも、いつかは考えなければいけないことだというのは、二人共わかっていたようでした。ただ、話し合いの場を設けるまでは現実のものとしては考えていなかったようです。

家業承継について話し合いを始めた頃、二人が承継に対して前向きだったかというと、最初はそうではありませんでした。理由はやはり、抱えている借金の額でした。

その時点で12億の半分近くまで返済できていましたが、まだ6億という莫大な借金が残っています。残る債務をどうするのかはっきりしなければ前向きにはなれない。

私が彼らの立場だったとしても同じように思うでしょう。

裏を返せば、この問題さえクリアになれば前向きになれるということでもあったのです。二人の意思を確認し、目指す未来の形をすっと飲み込めたことで、私は行動に移せました。

私が問題解決へ向けて不動産の売却を決意し、実行したのを見た息子たちは、家業承継に対して本気であるのを実感し、信じてくれたのです。

二人が承継に対して真剣に前向きになったことで、状況は一気に進んでいきました。


これは第三者である竹口さんを介さず、私から直接話をしていただけなら、「仕方なく」だとか「そういうものだから」といったしがらみで受けてしまっていたかもしれませんし、逆にはっきりと断られてしまっていたかもしれない。

ネガティブな空気に押されることなく、冷静に話し合う場を設けることで、みんなが現実的な判断に至れたのです。

そして息子たちから社長を引退しても大丈夫と宣言され、承継の流れがまとまりました。これでようやく肩の荷が降りたのを感じました。

ですが次の課題が待っています。誰がどう事業を承継するのか決めなければなりません。

二人とも一企業の会社員だったのが、急に社長というトップの存在になるわけです。私にとってはどちらも大事な息子ですから、二人に意見を押し付けたくはないし、二人の思いも拒絶したくありません。兄弟間で軋轢が生まれて話が破綻してしまわないよう、意志確認は念入りに行いました。

兄弟姉妹がいると、どっちが何をどうするか、揉めることもあります。あるいは互いに慮《おもんぱか》り過ぎることだってあるでしょう。

そこで先代側が俯瞰で見て、それぞれの役割分担を見定めて明示することが大事だと思います。ここで「こっちで決めたから」とだけ伝えて強制してしまうような、乱暴なやり方をしてはいけません。

親として二人の人間的な性格と違いはよくわかっていますし、それは話し合いの場においても現れていました。長男はじっくり着実に時間をかけて進むタイプ、次男はできることを速やかに発見し迅速に進めたいタイプ。二人の個性は対極的で、絶妙なバランスを生んでいると感じていました。

そうして、二人の現状、意思、特性、様々な観点から検討を重ねた結果、テーラーの会社は長男に、不動産管理や資産管理を行っている会社を次男へ託すことに決めました。

ちなみに、二人とも大学卒業後すぐに家業に入ることなく、長男はアパレルブランドの会社へ、次男はＩＴ企業に就職をしました。こうやって兄弟二人が違う道に進んだことにも、彼らそれぞれの個性の違いを感じました。

仕立て職人である祖父から始まったテーラーの会社ですが、父は仕立て職人にはなりませんでした。職人としてよりも経営に興味があった父で、事業展開において手腕を発揮していました。

父のマクロ的に経営する手法を見て学んでいた私も、承継後の経営について柔軟に考えて行動することができました。職人の道に進んでいたなら、インターネットやクーポンを活用したビジネスには行き着けなかったかもしれません。

息子たちにもそれぞれの特性があります。

長男には店舗展開やマネジメントの仕事が向いていると思います。何より、現在アパレルブランドで働いており、その経験はテーラー事業で大いに活かせることでしょう。ただ、その現職の状況を考慮する必要がありました。本人にもまだ現職で経験を積みたいという意思があり、じっくり考えて家業に入りたいとのことでした。よって現職を続けてもらいながら「兼業」という形で承継することになりました。

一方で次男はフリーランス的に動けるSE（システムエンジニア）で、引き継ぎは柔軟に対応できる状況にありました。現状請け負っている仕事があっても、家業との兼任に問題がありませんでした。

またIT関係に進んだこともあって数字にも強く、今後その特性は経営管理において大いに活かせると考えました。

次男がアパレルと違う分野へ進むと決めたときも止めはしませんでした。むしろ二人がそれぞれ異なる分野で活躍することで、良い相乗効果が生まれることを期待していました。だからこれからも、自分の良いところを磨いてほしいと思っています。

私は経営者になったとはいうものの、借金返済のための経営戦略ばかり行ってきてしまいました。

これからの彼らには、過去に縛られず、新しい視点で事業を考えてほしいと思っています。

経営者に必要な能力の一つに、質問力があると思います。あらゆる物事に「なんで？」とまず疑問をもち、先入観や思い込みに捉われないことが必要だと思っています。

次男も引き継ぎで税理士さんに会った際、質問攻めにしていました。多少的外れな質問があったとしても、率直に聞けるのは最初のうちだけですから、どんどん聞いてほしい。そうやって事実を深掘りして把握していくことで、精度の高い経営ができると思います。

負債やトラブルが山積みになっていくと、正常な判断能力は弱まっていきます。私も役所や債権者に対して、疑問に思っても問い詰めることができませんでした。

そうならないよう注意しつつ、会社の状態を健全に保つことも今後も続く課題の一つです。明晰な頭脳、健全な心身で、自分たちの人生と会社を発展させてほしいと願っています。

5　創業100周年に向けて

突然の父の死と共に、多額の借金を抱え、ただひたすらマイナスからゼロを目指す日々。私が家業を承継してからの18年間は、なりたくてなった経営者という姿ではありませんでした。しかし、この18年間はかけがえのない学びの日々でもありました。

そのときそのときで前を向き、なんとしてでも家族と社員全員幸せになることを目指し頑張ってきたことは、私にとって社長としての自信と誇りとなりました。

潰れずに持ち堪えてきたこの18年、家族の絆が危うくなりそうな状況の中、人間として成長し、逆に強くなったと誇らしく思っています。

息子たちが家族としてだけでなく、経営における味方にもなってくれたことで、ゼロを目指すばかりだった仕事は、息子たちのためにと一気に方向転換しました。

これでようやく本当の意味で前を向けた気がします。

苦しかった18年間がついに終わり、今、心の底から安堵し、肩の力もすっかり抜けた気分です。

一方でずっと借金返済ばかり考えてきましたから、生活を変えていいのだろうかという戸惑いもあります。今までは貯金もろくにできなかったのに、やっと貯金ができる、でも「貯金って、どうやってするんだっけ?」なんてことを考えてしまう現状です。

これまでの経験から得られたことは息子たちにも伝えていきたいですが、負債に苦しむ事業経営は、絶対に経験してほしくない。そうならないようにするためにも、できるだけ多くの情報を伝えたいと思います。

さて、後を継いでもらうと決まったものの、すぐに登記を変え、経営者となってもらうわけではありません。彼らには勉強しておかなければならないことがたくさんあります。家業とは家族と経営のデリケートなバランスで成り立っています。

そして事業を受け継いで終わりではなく、存続する限り利益を上げていく必要があります。また負債だらけの会社にならないようお金の管理も必要ですし、現状維持だけではなく、新しいことにも挑戦していかなければなりません。

「継続企業の前提（Going Concern）」に基づいて存続し、いろいろなことに挑戦してほしいと思います。やることはいくらでもあります。

先に家業に入る次男は早速、財務経理の力を高めるため、税理士事務所のアルバイトも始めました。そして会社にあるお金の管理について学び、現状把握と改善に奮闘してくれています。

長男も現職で引き続き経験を積みつつ、家業にどう活かせるかを考えてくれていま す。コミュニケーション能力に長けているので、営業や人事といった部門では、彼の 力が発揮されると期待しています。

私はそんな二人にひたすら自分の経験と知識を承継し、健全な会社経営と、人間関係が構築できるように手助けをしています。特に人間関係は一筋縄でいきません。世間には良いことを言っているようで悪いことを考えている人もいます。息子たちは、そのあたりの感性は鋭いようですが、それとなく注意を促すのも私たちの役目だと思っています。

信頼できる先人の言葉に耳を傾け、経験を積み重ね、自発的な行動を繰り返していけば、自ずと正しい方向を見つけられるようになり、やがて私が手を差し伸べなくても良くなる日が来るでしょう。

そうしていずれは「あなたがやりたいなら好きにすればいい」と、全て委ねられるようになるのが理想です。

とはいえ、見守り続けていたら何年も経っていたというのでは、埒が明きません。そこで私は家業承継に向けて、一つの計画と目標を立てました。

計画というのは、私自身が社長職を辞するにあたり、開催することにした「卒業式」です。家業承継が動いていることを、取引先や周囲の方々へ宣言する場でもあります。経緯や内容について詳しくは5章でお話しいたします。

当社は2027年に創業100周年を迎えます。この節目のタイミングで、次の社長を紹介する目標を立てました。このとき、すでに就任報告となるのか、これからの就任予定の案内となるのか、どうなるのかは次世代たちに委ねます。

私は、借金返済のために事業や不動産など多くのものを手放してきました。

今なお100年近く続いているテーラー事業は、敬愛する祖父から受け継いできた大切な事業です。次の世代にも続けてほしいと願っているのですが、残すかどうか、どんな形にするかは次世代の選択です。次男からは赤字が続くならたたむべきではないかと苦言を呈されていました。

私は形式にこだわる必要はないと思っています。伝統はいかようにも承継できます。だから未来を見据えた決断をしてほしいと願っています。

スーツの需要が昔よりも減っていることは、重々わかっています。ならば今後、世の中にはどのようなニーズが増えていくのか、そこにスーツを活かせるチャンスは本当にないのか、精査した上で客層や商材、ひいては事業自体を変えていくことも構わないと思っています。よりお客様の需要に応える形、オーダーメイドであるテーラーの経験が生かされる商売も、新たに考えられるのではないでしょうか。

……ということも、次世代たちと語らいたいですね。

彼らのつくり出す未来がより佳きものになるよう、家族皆でこれからも精進し続けます。

4章

川口家の家業承継を振り返って

この本を執筆するにあたって、長年にわたる社長人生を振り返りました。その中で、ああしておけば良かった、こうしておけば良かったと思うことが本当にたくさん記憶から呼び起こされました。

そこで、私の経験における家業承継の反省点についてまとめてみました。これはお読みいただいている読者の方はもちろん、後継者である私の息子たちにも「こういう失敗や困難があった」と伝える目的でもあります。

ここで挙げる経験談は個人的な経験に基づいていますが、業種に限らず、どの事業にも結びつくことや気を付けておくと良いことがあるのではないかと私は思っています。

反省1　会社の事実を把握しておく

会社の「事実の把握」は、基本中の基本です。

特にPL（損益計算書）、BS（貸借対照表）、CS（キャッシュフロー計算書）の財務三表と呼ばれる資料を把握しておくのは本当に必要最低限です。これらを把握できなかったことは、私にとって最大の反省点です。

もし確認ができないのなら、税理士や会計士、経理担当者になんとしてでも強く確認をしましょう。

末端の社員に見せようとしないのとは訳が違います。経営幹部や後継者であれば見る権利がある資料です。見せられないということは「何か隠し事があるのではないか？」と疑って良いでしょう。

私はこれらの情報を確認できないまま父を看取り、家業を継いだことで、とんでもない目に遭いました。当社のように経理担当者に横領され、12億円の借金を抱えるなんて事態は稀だと思いますが……。大なり小なり会社の実情や抱えている問題というのを確認できると思います。

ただ注意していただきたいのは、何かあったときだけ見るのではダメだということです。

私の場合、もし父が倒れた時点で把握をしていたとしても、すでに手遅れでした。父は会社のお金については経理担当者に任せきりでした。確認していたとしても、担当者の説明を鵜呑みにして赤字か黒字かしか見ていなかったかもしれません。それだけでは意味がないのです。

資料を見ても内容を把握するには経理の知識も必要ですから、赤字か黒字かだけでなく、お金の流れを把握できるよう、できるだけ早い段階で確認して勉強しておくことが望ましいです。

誰が把握しておくのかとなると、経営者であることが望ましいですが、社内にお金の判断ができる立場の人がいるなら、その人も一緒に把握しておく方が良いと思います。

ですが数字を扱うのがどうしても苦手という方もおられるでしょう。一般的な会社であれば財務や経理担当者、外部委託している税理士や会計士でもいいでしょう。またはそういうことを専門としたコンサルタントもいます。

経理担当者が不正を行うなんてことは珍しいことではありますが、もし疑わしさがあるなら、セカンドオピニオンとして別の税理士にお願いしてでも確認すると良いでしょう。そのくらい大事な情報なのです。

疑わしさがなくとも、数字に強い協力者を得ることは必要不可欠だと思います。

承継が先のことだとしても、決まっているのなら、その時点で後継者も情報を把握しておくと安心です。万が一、意図的に次世代へ負債を押し付けようとしているなんてことがあっては、家業の継続性を崩しますから。

承継の準備に関わらず、会社が抱えている事実というのは、常に正しく把握する必要があります。

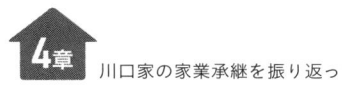

漠然とした現状把握だけではありません。赤字が出ているなら何故なのか知るのはもちろんとして、黒字だったとしても安心せず、どうやって黒字になったのかを把握する。他にも、今のキャッシュフローはいつまで維持できるのか、融資返済の進捗はどうなっているのか、こういったことを数値ベースで具体的に理解しておくことが大事なのです。

特に黒字だから大丈夫と思い、他の情報を見ないのは、経営者によくある落とし穴の一つです。

理解ができていないと、誰かに伝えるときに曖昧な話し方をしてしまったり、状況がわからないことで決断力を鈍らせてしまったりすることがあります。その積み重ねが取引に影響することもあれば、従業員のモチベーションを下げ、離職率を悪化させることにもなりかねません。

現状を正しく把握した上で、これからどうするのが会社にとって健全なのか、具体的かつ客観的に考えられるようにしておきましょう。

もちろん、内部に不正が起こっていないか、アンテナを張っておくこと、不正ができない環境づくりをしておくことも大事なことです。

お金の管理者が一人だけ、しかも任せきりという一番良くない状態にあった当社は、よりによってその管理者が不正を行い莫大な負債を抱えることになりました。

複数人で牽制する体制にあったなら、状況は大きく違っていたでしょう。

また、最近では管理するためのシステムも増えています。経費精算専用のクレジットカードの発行、出金の承認フローがあるネットバンク、請求作業のペーパーレス化、社用パソコンのログ解析などなど……。

昔は人が目で見て、手作業するしかなかったお金の管理が機械的に行えるようになっています。会社に合わせたコストで、できることから整備を行っていきましょう。リスクヘッジに対する会社の姿勢が見えるだけでも、不正の抑止に繋がる筈です。

反省2　「お付き合い」ではない専門家を探す

社長になると、いろいろな団体や社外のコミュニティに参加する機会が増えます。そういう場所から得られる情報、取引もあり、経営者として大事な活動の一つです。

私の父も公的活動が盛んな人でした。地元商店街振興組合、区の商店街連合会、法人会、商工会議所、地域のロータリークラブ、出店しているショッピングモールのテナント会など、様々な団体に顔を出し、中には会長を務めているものもありました。

父が社長だった頃、当社における士業関係はその繋がりで契約している人がほとんどでした。そういう繋がりから取引の機会を得ること自体は、もちろん悪いことではありません。ただし、本当に大丈夫な人なのかどうかは、人間関係に捉われず俯瞰の視点を持って見定めてください。

いわゆる「お付き合い」で仕事をしてしまうと、もしその人に問題があったときに手放しづらくなってしまうのです。

父からの承継時に問題があった税理士についても、父の代から契約している人でした。経理担当者の横領も見逃しており、怪しいなと思っていたものの、長らくの付き合いがあるので易々と契約解除ができませんでした。承継のやり取りで明らかなミスを起こし、そのおかげで断る理由ができて解除に至ったという、何とも面倒な段取りを踏んだのでした。

また、そういった「お付き合い」に囲まれていると、自分から情報収集をする機会を減らしてしまうかもしれません。例えば、浅はかな知識で何かものを言ったとしても、是非に関わらず「うんうん」と頷いてくれることがあります。自分の耳に痛いことは言ってくれません。だから、そういう場所に行くのがやがて心地良くなってしまいます。

このような付き合いばかりになると、現実的な情報、最新の情報を得る機会を潰してしまうのです。そうしてどんどん狭い世界の中で満足してしまいます。

会社に問題がないなら、大きな問題となることはないかもしれません。ですが問題が生じた際に、その「お付き合い」でお願いしてきた人が、人間的にも能力的にも本当に味方となってくれる人なのか、あらゆる角度から冷静に見定めてください。

例えば、取引するレベルの基準を設ける、同業他社にも確認してセカンドオピニオンを求めるといった策が有効でしょう。

また相手が金銭トラブルを抱えていないかにも、注意を向ける必要があると思います。

反省3　必要性のある費用かどうか精査する

事業が上手くいっていようとなかろうと、経営者の元には正しい話から怪しい儲け話まで、ごまんとやってきます。怪しい話の誘惑に乗せられないようにしていても、やはり大変なときにこそ罠に陥ってしまいがちです。

私にも恥ずかしながら、儲け話の誘惑に負けてしまったことがありました。その一例を元にお話しします。

承継時に相続した不動産の中に、早く売却したいと思っていたものがありました。50年以上前に父が購入していた別荘地（山林）の一つで、未だかつて利用されることもなく放置されていた土地です。山林なので固定資産税もわずかなのですが、売れるものなら売って現金化したかったのです。そんな折の話でした。

別荘地の登記情報を物色して、放置されている物件をチェックする代理店がいるといいます。私に声をかけてきたのもそういう代理店の営業で、別荘地の売却について新聞広告を出さないかという提案でした。

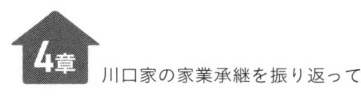

耳障りのいい営業トークで新聞広告の効果について語られます。私も早く売りたかったため、とっとと売却できるならと申し込みをしてしまいました。一括60万円の広告を。

冷静に考えてみればおかしかったのです。その別荘地は、開発当初は外国人観光客が多く、いずれ軽井沢のようになると言われていましたが、残念ながら有名別荘地の仲間入りはできませんでした。造成されてはいるものの、現在は地元不動産業者さんでも値のつけられない状態だったのです。

そういう放置された状態の別荘を中心に取り扱い、企業用地として売却実績もあると聞かされて心が揺らいでしまったのです。

しかし、実際には新聞に広告が出されたものの、フォローは一切ありませんでした。

これはまず、勢いで不動産を購入するものではないというのが第一です。不動産はほぼ間違いなく次の後継者に引き継がれます、次の代まで必要性のあるものなのかどうか、よく考えて購入してください。

不動産に関わらず、どれだけ早く売ってしまいたいものがあっても、すぐに売上が出ると言われても、広告を出す前によくよく考えてください。費用対効果があるものなのか成功報酬型になっているかなど、冷静に考えてから契約をしましょう。

どんな事業でも宣伝活動は必要です。新聞や雑誌、インターネットの様々な媒体の広告がありますが、そこには落とし穴が潜んでいますから注意してください。

万が一、効果のないものを購入してしまったとしても、すぐに解約できるものは、早急に解約しましょう。クーリング・オフ対象外や解約不能の契約もあります。購入前に落ち着いて精査し判断したいものです。ちゃんと毎月の損益を確認して、速やかに判断できる体制も整えておきましょう。

反省4　金融リテラシーを培っておく

家業承継後、それまで父宛てに来ていた金融機関からの連絡が、一気に私のところへやって来るようになりました。先述の通り融資の返済が滞っている状況でしたので、当然営業の連絡ではありません。全て督促の連絡でした。

取引先からの請求や税務署からの督促が山積し、一瞬でまったく手に負えない状態になってしまいました。

承継して間もない頃の私は、一件でも未払いをなくしたい一心でした。銀行、信金、税金、社会保険、取引先への未払いの輪郭が見え始めて少しホッとした頃のことでした。銀行に当日決済分のまとまったお金（150万円）を入金に行った夫がなかなか戻ってきません。あろうことか、そのお金を脅されて巻き上げられていました。

映画にでも出てきそうな取立て人に見せられた当社の小切手と引き換えに、その大事なお金を持っていかれました。「目の前に交番があるのに」「私なら絶対渡さないのに」とそのときは夫をなじりましたが、会社のことから家族のことまでいろいろ恐ろしい脅しをされたのです。

その後、闇金融の会社が3社もやってきました。「お宅のFさんにこの小切手と引換えにお金を渡した。返済してもらいたいのでこの小切手を銀行に持ち込もうと思っている」と言われました（150万円を巻き上げられたとき、主人も同じことを言われたのでした）。総額600万円です。銀行へ持ち込まれても、当社には支払う余力はありません。その小切手は不渡りとなり、会社は一瞬で倒産するに違いないという恐怖に駆られました。

警察に相談すると一旦買い戻すように言われ、親戚中から借金をして買い戻しました。

「そんなもの返す必要はない」と忠告してくれる人もいましたが、警察の指導、「不渡り」の恐怖、目の前の負債をなくすことに縛られていた私には、その忠告を落ち着いて検討することはできませんでした。「返さなければ」という思いが半ば強迫観念となっていたのです。

こんなときこそ、公平な第三者の知恵があれば、「お付き合い」ではない専門家の知識を得ていれば、この場合なら信頼できる弁護士さんの助けがあれば、状況は違っていたかも知れません。

銀行、信金など金融機関からの言葉は、とても重いです。債務のある身には、なおのことです。

「支払う」ことは大前提であるにしろ、そうした重い言葉を受け取ったときの知恵を持っていれば随分ラクだったのだな……と今なら思います。本来あってはならないことなのですが、返済が滞れば至極当然に「返してください」と言われます。一件でも未払いをなくしたかった当時の私は、反射的に「返す」ことをしていました。

経理担当者がいなくなった日のことは、重層的な状況があったわけですが、あの日「今月中に3か月分の1000万円」と言われたときも、今の私なら一気に3か月分返さずにもっと上手に自転車操業（※参照）していたと思います。

こうした知恵については、事情を理解してくれる信頼できる第三者や専門家に相談すべきです。

金融機関の担当者さんに相当の信頼を得て、正直に聞くことができればなおよしです。ただし、行内での担当者の信用を失わせるようなことはNGです。金融機関は、自身の責任において厳しい態度で接してきます。一行だけのお付き合いで、資産状況を把握されている場合には、家族の誰それの預金を使いましょうとか、保険の契約者貸付を利用しなさいとか、その一方で担保は外せない、何故なら与信が大切だから……と、こと細かな「アドバイス」がきます。税務署も同様です。

銀行向けには専門家への相談で助かることがたくさんありますし、税務署には納税を一定期間待ってもらえる猶予の仕組み（看過の猶予）もあり、申請することができます。税務署は猶予について積極的には推奨していないので、税務知識を深める努力をして、自発的に相談・申請することが必要です。

当社では、いよいよ手詰まりになって講じてしまった「禁じ手」がありました。後日、竹口さんから「それは本当は絶対にやってはダメなやつ」「銀行からバカにされ、ダメ経営者の烙印を押される」と言われました。言い訳にはなりますが、会社存続のためにプライドはかなぐり捨てました。

その禁じ手とは「リスケジュール（リスケ＝借入金返済の条件変更）」です。当社の場合は借入金の返済を半年間元金据え置きにしていただきました。これには本当に助かったのです。信金の融資担当者さんにお骨折りいただき、心からお礼を申し上げたいです。その結果、与信はなくなりましたが、助けていただいたことに変わりはありません。デメリットは信用悪化で新規融資を受けられなくなることです。リスケジュールには、業績回復の見通しについて十分考慮し、中長期での資金繰りを考えた

※自転車操業　自転車は走るのをやめれば倒れてしまうところから資金の借り入れと返済を繰り返しながらかろうじて操業を続けること。また、そのような経営状態。

上で臨んでいただきたいと思います。

人は、本当にどうにもならなくなると正常な感覚が麻痺してきます。良識を失ってしまうことさえあります。借金を踏み倒す、倒産するなど最悪のシナリオに突き進んでしまいます。私も、紙一重のギリギリのところに立っていました。

こういった事態を防ぐためにも、金融リテラシーを培っておくことが大事だと思います。

もっとも、こういった交渉など必要がないようにしておくのが一番ですが……。

反省5　持ち場を死守することを優先としない

何事も優先順位というのは状況によって変わります。今いる持ち場がそのときの最優先だとは限りません。それなのに冷静さを欠くと、持ち場を死守しようと躍起になってしまうことがあります。

私の場合、借金返済という持ち場を最優先としたいあまり、報告や相談、家族への状況の共有、配慮など様々なことを疎かにしてしまっていました。

家業承継当初から、一件でも未払いをなくしたい一心で動いていたので、時間と体力、気力、思考力の全てを借金返済に注ぎ込んでいました。月末になると、さらにその度合いは増します。夫は借金返済の資金繰り、私は借金返済のための元手づくりと、各自が無言無心で打ち込むしかありませんでした。一日が終わる頃には、燃え尽きて家にどうにか辿り着く状態だったのです。

今思えば、もっと心にゆとりを持って、息子たちと相談していれば良かったと思います。承継について早く理解を得られていたかもしれないし、事業の現状についても活路が見出せていたかもしれない。

それなのに、心配をかけるわけにはいかないと遠慮をしてしまっていた、あるいは冷たい反応が返ってくるのを恐れていたのかもしれません。

「返済計画を立てたのだから、きっちりそのレール通りに進めなければいけない」

そのことに強く従おうとする頭から抜け出せませんでした。とにかく必死でマイナスを減らすことに集中し、持ち場から離れられなかったのです。

その影響で家族とのコミュニケーションが疎かになり、余暇も家事に割く時間も持てなくなっていきました。家の平和を蔑ろにすることは経営者としてとても痛手であると思います。気を付けないと、周りから誰も味方がいなくなるなんてことになりかねません。

どれだけ追い詰められていても心の豊かさを失わず、たった一人で自分を追い込むことのないようにしましょう。せめてほんの少しでも、家族と話せるくらいの余裕は持っておいてください。

反省6　古い価値観を潔く捨てる

2章でも少し触れていた承継後の婦人服事業は、時代の流れや事業縮小のこともあって、全盛期12店舗あったブティックは2012年には2店舗を残すのみとなりました。中村橋の本店と北口の路面店です。

中村橋駅前ビルの1階にあった本店は、200メートルほど離れた路面店に移しました。店舗の入れ替え後長い間古い店舗のままで使用していましたが、2018年小規模事業者持続化補助金を利用して、明るく可愛い店に改装しました。母のライフワークであった婦人服店の矜持を示したいと思ったのです。

改装を機に、価格帯をグッと下げて魅力ある品揃えを委託販売の手法をアドバイスしてもらって整えました。アロマキャンドルやタロットカードのワークショップを開くなどして集客をはかり健闘していましたが、結果から言うと「悪あがき」でした。顧客の高齢化とコロナ禍の波には勝てませんでした。2024年1月に敗退宣言をし、閉店しました

原因は大きく二点あったと思っています。

一つは、身内への「甘え」と「お付き合い」の専門家に任せたことです。新店舗の

仕入れの見直しを生活に困窮していた従兄に頼みました。

仕入れのブレーンとして、従兄が連れて来たのがブティック全盛期をつくったメーカーの往時の腕利き担当者でした。リニューアル・オープン当初こそ目新しい商品構成で売上も順調に推移したのですが、バブル期に上手くいっていた商品手配の仕方に私は早い段階で危機感を感じました。しかし、お世話になっていた担当者に強く迫れなかったのです。

予感は的中し、目玉となっていた商品群は1年も経たないうちに仕入れルートを失いました。商品構成に魅力がなくなり、売上は低迷しました。このことが、二つ目の原因を引き起こします。

仕入れの時間が減って店内で過ごすことの多くなった従兄と仕入れ担当者は、スタッフをコントロールし始めました。リニューアルに合わせてリクルートした若手スタッフをランチに連れ出しては、古参社員の悪口を聞かせていたそうです。社員間に不和が生じ、気付いたときには修復不可能になっていました。

その挙句、生活に困窮していた従兄が店の商品を持ち出して売り捌き、売上を横領していました。後日、古参社員から30年前にも同じような不正があって父が彼を解雇していたことを聞きました。なんとも情けない結果でした。

身内への「甘え」と「お付き合い」が二重三重に問題を悪化させたのでした。

過去を振り返ってみて……

振り返ってみて思うのは、数値から事実を把握することの大事さと、冷静に俯瞰の視点で経営判断することの大切さです。

今使うべきお金なのか、翌月、翌年どうなっているのか、残すべきものなのか捨てるべきものなのか。経営者は毎日のように判断を迫られます。判断をするためには数字を見ることが基本です。

中には情で手放せないものもあるでしょう。情を優先していいものなのかどうかも、最終的な判断は数字次第となるのです。

例えば、お付き合いで通常1000万のところ、500万で出せると勧めてもらった広告があるとします。試算したら月10万も利益が出ない広告に、５００万も費用を投じる判断は果たして妥当でしょうか?

一見、迷うことがなさそうなものであっても、数字を理解していないと判断を誤り、不利益を被ることが世の中にはたくさんあります。

もし過去に戻れたらと考えることも何度となくあります。

この知識があったら、あのときのお金を無駄にせずに済んだのに。税務署や債権者にもちゃんと冷静に論理的に話し、苦しまずに経営ができたかも知れないのに。

相次ぐトラブルに見舞われたために余裕がなかったと言えば、言い訳になります。自分や会社のエネルギーに見合った事業をしなければならなかった。これまで行ってきた多くの判断に反省はありますが、間違いばかりだったとは思っていません。その証拠に家族全員が元気で、健全に働き、生活をできています。

人を信じては騙されることもたくさんありました。

特にお金の問題というのは、面倒な人間関係を生み出しやすく、ここでは書けないような恐ろしい体験もあります。それらの悪い経験をただの「よくない記憶」としてしまうのはもったいない。

相手はなぜ騙そうと思ったのか、もしかして自分は相手に対して明確に意思表示をできていなかったのではないか。自分の身に降りかかったことを、ちゃんと分析し、自分に説明をするようにしています。そうすることで、騙された経験が怒りやストレスとしてではなく、学びや気付きとして記憶されます。

この分析を繰り返すことで、次第に客観的にかつ多角的に物事を見られるようになっていきました。18年前（家業承継前）の自分と今の自分とを比べてみると、物事の捉え方も考え方もまったく変わったと感じます。

そして今は、借金がなくなり、状況は一転しました。

マイナスを脱却し、やっとゼロのスタートラインに立っている状況です。借金返済の片手間ではなく本気で事業のことを考え、未来の姿を決めなければなりません。

私の反省点を活かし、プラスの未来へ向かって行けるよう、次世代とともに尽力したいと思います。

5章

家業承継への決意表明のため、「社長の卒業式」を開く

紆余曲折があり、家族とも無事に話し合いを終えて、家業承継が本格的に始まりました。

この章では、家業承継プロジェクトの締めくくりでもある、3章でも触れていた「社長の卒業式」について、詳しくお話しいたします。

創業100年目に向けた引退宣言

目標として、創業100周年にあたる2027年に向けて、家業承継を完了させたいと思っています。息子をはじめ周囲から、100年にこだわらなくても良いという意見もありました。しかし「百」という数字には強い力があります、会社の大きな節目として、その力を借りたいところです。

１００年目まで（本書の刊行時点で）残すところあと３年です。目標設定としても実現性があるのではないかと考えました。それは私にとっても、息子たちにとってもです。

前の章でもご紹介した通り、息子たちは家業承継に向けてすでに動いています。

長男は、別のアパレル企業に勤めながら、家業のテーラー経営に携わっています。兼業であっても、コロナ禍前を超える月売上を達成しています。このペースでいけば、１００周年を待たずして兼業からの脱却を実現できるでしょう。

次男は事業の考え方について私からだけでなく、他社の経営者と行動を一緒にさせていただくなどＯＪＴ的に動いて学んでいます。税理士事務所にも通い、修業の日々を送っています。

税理士事務所では経理実務のほか、決算書による企業分析についても勉強中です。自社だけでなく他社の決算書も分析できるようになれば、今後の事業発展に活かせる大きな力となるでしょう。こちらも１００周年を待たずして実践できると思っています。

息子たちが頑張っている中、家業承継に向けて私のできることを考えた結果、「社長の卒業式」というアイデアに辿り着きました。

一言でいうなら、これは「引退イベント」です。しかしながら、ただ私が「社長を辞めます」と引退宣言するだけの場ではありません。今後の決意表明の場でもあります。

これまで家業とともに歩んできた私の人生、満足して卒業するに至った理由、家業が目指す未来、2024年春に展開の始まった企画（御祈祷スーツという新しいサービスの準備を進めています）についても、発想の経緯をお話しさせていただきます。

そして卒業後の私の人生、サードキャリアについてお話をします。最後に家業を次世代へ引き継ぐ、つまり社長の座を引き継ぐための宣言を行います。

人は昔から、人生のターニングポイントを迎えたとき、普段とは違った「晴れのセレモニー」を開いてきました。たとえば結婚式や成人式、七五三など。学校なら入学式や卒業式、会社なら入社式です。

家業承継は家族にとって重大なターニングポイントです。社長を卒業する私もそうですが、私たちにとって大切な大勢の関係者が集った晴れの場で、次世代の息子たちを改めて紹介し、今後のビジョンをお話しし、大勢の皆さんの愛情あるご支援をお願いするのです。

川口家の家業承継のスピードと進化に勢いをつけるのにふさわしいセレモニーにしたい。私は「社長の卒業式」にこんな思いを込めています。

卒業の決意に至るまでと会社のこれから

私は何かに打ち込んでいる人を見ると応援したくなります。その人が、目標を達成して新たなステージで喜んでいる姿を見ることが、この上もなく幸せなのです。

皆様からの応援のお陰で負債から解放されて、本当に取り組みたいことに集中できる時間ができました。より多くの方々を応援できるようになったのです。新たに出会う方々とも、共に幸せになっていきたいと思っています。

私には、「バカがつくほど」という枕詞をつけて表される特徴がいくつかあります。その一つが、「前向き（別の言い方をするとおめでたい）」です。

恐らくこの一点で、この18年を走り抜けて来たのだと思います。「なんで耐えられたの?」とか「なんて不幸なんだ!」と言われることもありました。

特別なワザを知っていたわけではありません。ただただ前向きだった（おめでたかった）だけです。試練が来れば来るほど、奔走してランナーズハイになってしまう特性で走り続けられただけなのです。

これまでにもコーチングや誰かを応援する活動を続け、その中で本当に素晴らしい人たちと出会うことができました。出会った人たちの中には、私との出会いをきっかけに新しい道を拓き、大きな成果を得られた人もいらっしゃいます。

私自身は「大きな成果」ではなく、「0にする成果」「0に近づける成果」でした。自分としてはこれも「凄い成果だ」と思っているのですが、竹口さんには「他《ひ》人《と》様には大きな成果をもたらして、自分は全然ってことなんだよ」と笑いながら身もふたもないことを言われます（これを読んでちょっとハラハラしている方、安心してください。私たちは姉弟のように冗談が通じますので）。そればかりか「銀行やコンサルは、どんなにマイナスを0にしたって、そこを評価しない」そうなのです。

皆さん、ご存じでしたか？　私は、知りませんでした。この18年「0に近づけているよ！　凄いでしょ！」と言わんばかりに銀行でプレゼンしていたのです。おめでたいバカ社長でした。とはいえ、負債が足枷になっていなかったかと言えば、そうではありませんでした。「全ては（やりたいことは）、負債が0になってから」と固く誓ってのたうち回って来たのです。

「家業にかけてくれた人たちの思い、大好きな祖父が陣を張ったこの場所を守って、父の遺した財産を守っていくんだ。だって私は負けませんから」と、バカがつくほど前向きに十字架を背負い続けてきたのです。このバカ社長ぶりに気付かせてくれたのは、次世代の息子たちでした。

「もう、下ろしていいよ」と言ってくれました。矛盾するようですが、「バカ社長でよかった」と思えた瞬間でした。

後継者である息子たちにも、前向きさは遺伝しているようです。それぞれが自分の力を信じて、会社を動かそうとしてくれています。彼らを心から信じて、心置きなく社長を卒業したいと思います。

なお、現時点では代表権まで引き継いでいません。承継すると決めた時点で引き継いでも良かったわけですが、いきなり大きな立場だけを得ても上手く立ち回れるものではありません。私自身は父の死という事情から死後すぐに社長の座を引き継いだわけですが、本当はもっと前から段階を踏んで引き継ぎたかったといまだに思います。

自分としてはまだ未熟な立場であると思っていても、肩書きがつくと周りの反応は明らかに変わります。自分の振る舞いも、能力と権力が噛み合わずに軋轢を生んでしまう可能性だってあります。それは会社や自分、誰にとっても良くありません。

だから今、息子たちには経営者となるため、必要な経験を積んでもらっています。

先に家業に入った次男の成長が家業承継の足掛かりになると思っています。本人とは当面の目標として、税理士がいらないくらい数字のことを理解できるようになろうと話しています。目標に向けての「修業」が始まっていますが、今のところ本人からも周りからも、「できない」「ノー」と言ったという話は聞いたことはなく、ぜひこのまま頑張ってほしいと願っています。

彼の強みの一つに、冷静さと行動力の高さがあります。7章の対談の様子を見ていただくとわかると思うのですが、誰よりも客観的に判断しているかもしれません。

子どもの頃から、何かを頼むとあれこれ言っているうちに、「もうやっている」腰の軽さがありました。今回一番驚いたのは、承継の話をした一週間後には、当時働いていたＩＴ企業を退職していたことです。決断の速さにも驚きますが、「急いては事を仕損ずる」ということもあります。そこは「冷静さ」で補ってほしいと思っています。

まずは１００周年に向けて、家族一丸となって進んでいきたいと思っています。その「通過儀礼」として、私は社長の座を譲ろうと思います。息子たちには100年目に何をするのかを考え、更に次の100年を目指す会社を作ってもらいたいと思っています。

創業100周年の日まであと3年、果たしてどうなっているのでしょうか。どうか皆さんも見届けてください。

今、家業承継に悩んでいる人たちへ

この「卒業式」の目的は、実はもう一つあります。

多くの方のご縁とご支援をいただいて、18年間背負い続けた肩の荷を下ろすことができました。負を清算して整理した結果、今、18年前と同じ前に進むしかない状態となりました。

違うのは目の前に広がる景色です。明るいなだらかな景色が眼下に果てしなく広がっています。どこまでも、自由に飛んでいける大地と空。

この空のもと、家業承継の和《わ》を広げたいと思っています。

家業承継に悩んでいる人は私だけではなく、日本中にいらっしゃいます。それなのに家業承継に特化して話をできる場が少ないのではないでしょうか。自身の体験からそう感じています。

先日、本年度2024年上半期の倒産件数が4800件以上あり、これが2014年以降最多の倒産件数だというデータを見ました。やっとコロナ禍が落ち着いて、自由に営業できるようになった筈なのに、苦しい現実はまだ至る所で続いていました。

この倒産理由の一つに280件以上の「後継者不足」があり、しかもこの理由による件数も過去最多だったそうです。非常に由々しき問題だと思います。

相談先の少ない今の状況では、この件数はこれからどんどん増えていくことでしょう。

倒産企業の多くは、創業者が自身の夢や希望を持って、あるいは家族の将来のためにと願って立ち上げた事業です。にもかかわらず後を継いでもらえず潰れてしまうという現実に、やりきれない思いが募ります。

私は商売の家に生まれて、日本の経済の波を直接間接に浴びながら日常を送って来ました。家族は社会経済の最小単位です。その家族の守る小さな生業が立ち消えてしまうこの現実は、絶対にこのままにしてはいけない。「蟻の一穴天下の破れ」と言います。みんなで蟻の一穴を守りませんか？　家業承継に悩む人たちが話せる「場＝和」をつくり横の繋がりで、諦めてしまう人を少しでも減らしませんか？

承継をしたいと考えたときに、役所や士業の人に相談することが多いと思いますが、そういう縦の関係だけではなく、同じような悩みを抱えている人たちとの横の繋がりが必要だと私は自身の承継経験から気付きを得ました。

実際のところ、家業承継は自分一人だけで取り組んでいてもダメなのです。ただでさえ情報が少ないのに、自分の知る範囲でしか物事を考えられなくなってしまう。負担も大きく、面倒なことも多い。私が今この本を書いていられるのも、同じ悩みを持つ人、私の悩みにつき合ってくれた人との繋がりのお陰です。気付きを得る前の私のままでいたら、「父の二の舞は嫌だ」と言いながら、悶々としたまま怨念を墓場まで持っていくことになっていたかもしれません。

そうなる前に第三者の力を借りて解決できた、本当に大きな転機でした。

過去を振り返ってみると、当時の無知だった自分のことが手に取るようにわかります。

誰に何を聞きにいけば良いのか、どこに情報があるのかをまったく知らなかったのですから。

私は思うのです。「経営者って、社長って大変だな」と。ゴルフに行っても、交流会に行っても、飲み会に行っても、麻雀をしていても、ボランティアをしていても、「ホントのほんとのところ」はグッと胸にしまって笑っているんだろうなと。

家業ゆえの、家族の悩み、後継者の悩み、手持ち不動産の悩み、様々な悩みや苦労があっても言葉にすることはなかなかできないのではないでしょうか。

家業や不動産の現状に苦しんでいる人、後継者を決められず社長を辞めたくても辞められない人、そして後継者が見つからないまま家業を畳まざるを得なかった人、例えばそういう人たち同士が交流できる機会を設けられたらと思うのです。

多くの経営者は孤独な存在です。そして簡単に弱音を吐けません。本当の意味で腹を割って話せる相手は、立場が上がれば上がるほど少なくなります。

私にとって竹口さんがそうであったように、自分と同じような人になら気楽に話せるのではないかと思うのです。家業を経営し、そして社長業を引退した経験者に対してなら、経営者の方も「ちょっと話してみよう」という気持ちになるのではないでしょうか。そのための機会としてこの「卒業式」に取り組んでいきたいと考えています。

「そういう機会になるのなら、自分も卒業式をやってみたい」と思ってくださる方がいらっしゃるのなら、私は全力でサポートする側に回りたいと思います。

こういう機会を設けることで、私が竹口さんという存在と出会えたように、公平なる第三者との出会いも生まれたら何よりです。その第三者になってほしいという理由で私に会いに来てくださっても構いません。

この本をお読みいただいている方には、まさに家業承継で悩んでいる社長ご本人、取引先の承継問題にかかわることの多い士業や経営コンサルタントの方もいらっしゃると思います。一緒に家業承継の和を広げていきましょう。ぜひ会いにいらしてください。

6章

次の夢（社長を卒業した後）が大事

さて家業承継を済ませて、社長を卒業した後、あなたは何をしますか？　何をすれば良いのでしょうか？

答えは一つです、「何でもできる」です。言い換えれば、「何をしたっていい」のです。

その後の人生はあなたの自由です。ですが家業承継を行うにあたっては、承継の前に次の人生を決めておくことを強くお勧めいたします。

なぜなら、後のことが何も決まっていないことには、自発的に承継という行動を起こす理由が見つからないからです。今、元気な状態であるなら尚更そうでしょう。だったら無理に承継しなくてもいいじゃないかと思われるかもしれません。でも最初にお伝えしたとおり、人の寿命は永遠ではありませんし、何らかの理由で働けなくなる可能性はたくさんあります。

だから社長となった以上、次の承継を考えておくことはマスト事項なのです。

仕事の解放感から長旅に出るのもいいでしょう。田舎に移住して自給自足生活するのだっていいですし、あるいはまったく新しい会社を立ち上げるのだって自由です。隠居し何もしない暮らしを選ぶのだって構わない、そうして余生を静かに過ごす人生も悪くはないでしょう。

ただ、無事承継できて引退したとしても、長年携わってきた会社のことが気になってしまうのは、人情です。家業なら尚のことです。つい口出ししたくなってしまうかも知れません。これは自分に言い聞かせなければならないことでもありますが、それでは、次世代へ折角委ねた意味がないのです。

人生100年時代と言われています。悔いのない佳き人生を生ききりたいものです。私たちに与えられた時間を大切に有効に活用するために、これまでの人生においてやり残したこと、やってみたいと思ったこと、遠い昔に思い描いた夢をぜひ振り返ってみてください。

そしてあなたの「サードキャリア」を構築してみてください。

私のサードキャリア計画

まず、「〝サードキャリア〟とは何か」を確認しておきましょう。

本書においては、「定年退職後や第二のキャリアの後に始める新しい仕事や活動」としています。一般的には、人生の後半における自己実現や社会貢献を目的とする人が多いようです。

人生100年時代と言われ、かつて60歳だった定年年齢は、2024年現在では65歳に引き上げられました。70歳定年が本格義務化されるかもしれないとまで言われています。

ついこの間まで70歳なんて遠い先の話と思っていましたが、私もこの本を執筆している時点であと6年たつと70代に突入します。

現時点では年齢のことは忘れるほどに元気ですが、70歳を超えたときにどうなっているのかは想像がつきません。今言えるのは、70代になっても事業を続けていたいということです。

家業承継して社長を卒業した後にやりたい事業は、2つあります。

一つはコーチング活動です。もう一つは5章でもお話ししていた「家業承継支援」の事業化です。

前者についてはすでに事業化（※参照）しており、本業のテーラーと並行して続けてきました。その事業のことまで語り出すと家業承継のテーマから外れてしまい、ページも足りなくなってしまいますので詳しくは別の機会に譲ります。

ここではその別事業に取り組みながらも、家業承継支援をしたいと考えるに至った

※コーチング事業について
ある思いがあって、事業内容は「コーチング」と一線を画しています。わかりやすさの観点から、以後便宜的に「コーチング」という呼称を使います

経緯についてお話しします。

先述の通り、家業承継に特化した相談先というのは多くありません。そこで、無事に家業承継を終え、次の事業に踏み出すことのできた私の経験を、今悩んでいる人たちのために活かしていただきたいと考えています。

役所に行けば手続きに関する相談ならできますが、経営の実情に基づいたお話というのはなかなか聞けません。

売上や利益に悩んだことはあるか、人に支払う給料で悩んだことはないか、資産管理や資金繰りに苦労したことがあるか、そういった経営者だからこその悩みに応えられる経験がとても重要だと思います。

私がお願いする立場なら、できれば苦労をちゃんと知っている人に相談をしたいものです。地獄にいたことがない人に、今地獄にいる人の気持ちは簡単にはわかりません。問題のないときにも、この先、気を付けた方が良いことについて実質的なアドバイスをしてくれる人です。

誰かに相談をするにあたっては、最初は「この人に話していいだろうか」「馬鹿にされるんじゃないだろうか」と不安に思われることでしょう。確かにそんなことがないとは断言できません、実際そういう人も多くいます。

だから私はそうではないと断言できる存在になりたい。困っている方の話を一人でも多く聞き、少しでも幸せな人生へ導けるよう尽力したい。そのためには、自分の弱い部分も曝け出して語ることも必要だと思い、この本にも書き記してきました。素性のよくわからない人に対して、心を開くことはできません。

なにより人を助けるには、自身に余裕がなければいけません。時間だけでなく、心身の状態やお金においてもです。

家業とコーチングとを考えると、本当に感慨深いものがあります。この二つは私の人生において、ＤＮＡの螺旋構造のように切っても切れないものです。コーチング抜きで、家業承継に至るまでの経緯をお伝えすることはできません。

少しだけこの二つの関係性をお話しさせてください。

テーラーの家に生まれなければ、コーチングにここまで興味を持つことはありませんでした。一方で、コーチングとの出会いがなければ、18年を耐え抜くことはできなかった。そして今日という日はなかったのです。

家業とコーチングとは表となり裏となり、あざなえる縄となって、私の人生を形づくっています。家業がなければ、コーチングに出会うことはなかった。コーチングに出会わなければ、今家業はない。人生は本当に奇妙で不可思議です。

コーチングの活動を続けたことが、この18年私を支えてくれました。そしてこの間に乗り越えて来た困難の一つ一つがコーチングの精度を磨き、活動の信頼性を高めました。

二つを両輪で続けたことは、それぞれの活動の質を補完し合い、相乗効果を高めました。どちらかがどちらかの足を引っ張ったということはありません。

どちらか一方がなければ、もう一方もない。正に、ＤＮＡの螺旋構造の表と裏として存在しています。

実はつい最近まで、家業とコーチングのそれぞれのお客様にもう片方を勧めるということができずにいました。「私にはお金がない」が、骨の髄まで染み付いていたのだと思います。一つの財布から、あれもこれもと出費させてしまうことが悪いと感じてしまっていたのです。

しかし、それは私のお財布事情によるものだったのです。自分にお金がないから他の人も……というのは、逆に失礼なことだったのだと今では理解できます。

家業での困難を乗り越えたことがコーチングの活動の精度を磨き、信頼性を高めたと書きました。経営者としての苦労を味わったり、負債に苦しんだりしたことで、「孤高の経営者」の相談相手として役に立ちたいという思いを強くしました。

困難に翻弄されたことで、私は人の幸せについて真剣に考えさせられました。

多くの方に迷惑をかけ、そして支えられたことで、「責任を持って幸せになる」ことが人生のテーマになりました。周りを幸せにするために自分が幸せになる。自分が幸せでなければ周りを幸せにすることはできない。

矛盾しているように聞こえるかも知れませんが、お金のないときに「困ったな」と思うことはあっても、自分を不幸と思ったことはありませんでした。お金のないことが、私をより高めてくれていると信じきっていたからです（先述した「おめでたいバカ社長状態」です）。

私の境遇を知って、「なんて不幸なんだ」と言う人がいました。自分が不幸だという自覚がなかった私には、大きな驚きでした。そして、幸せについて考えるようになったのです。

そんな私に、家業承継について考えるタイミングが訪れました。

私は何のために家業承継をしたいのだろう……先祖のため、先人のため、家族のため、事業のため、そして自分自身のためであると……心の奥深くから「理由」が湧き上がって来ました。

気軽に会えてホッとできる気の置けない話し相手となって「孤高の経営者」の背中

を押し続けたい。社長たちに向けて家業承継の和《わ》を広めたい。自分がせっかく乗り越えてきた経験を、「誰かのお役に立てたい」という思いに至りました。

お陰様で、財務・税務・法務・不動産・経営の専門家との連携もでき、具体的な問題解決にあたることができるようになりました。こうして、私は卒業後の二大事業の一つとして、「家業承継支援」に辿り着いたのです。

誰かを応援したいという思いの実現

世の中には私のように苦労している方、あるいは私以上の苦労をしている方、まだ苦労は少ないけれども未来に何かしらの不安を感じている方、様々な経営者がいて、悩みもそれだけ存在します。

苦労を受け入れられる方もいれば、受け入れられない方もいる。受け入れられなかったとき、倒産という形で事業そのものを諦めることもあります。そうなる前に助けたい。

前章でも申し上げていたように、私は「人を応援する」存在になりたいと思っていました。その一環として、家業承継に困っている人を支援したいと考えています。

家業承継の気持ちが固まったら考慮していただきたいことがあります。私がそうであったように、一人だけで考え込んでいると、そこから考えが広がらずに先に進めなくなってしまうことがあります。そんなときに必要なのは、公平な第三者の意見を取り入れて視野を広げていくことです。

後継ぎに考えていた家族に継ぐ意思がないというなら、実はちゃんと腹を割って話し合えていないだけかもしれない。親には話しづらい気持ちを、第三者が介入することで本音を聞き出し、解決の糸口が見つかるかもしれません。

家業承継をしたくても後継者がいないのなら、家族以外に引き継ぐことを考えるか、それとも事業の形を変えるのか。一人だけでなく様々な視点で考えることで新たな道が開けるかもしれません。

相続や税金対策、制度的な問題など、専門的なことで困っていることがあっても、士業の専門家や法人保険の営業担当者、経営コンサルタントとも提携していけば、思いもよらない得策が見つかるかもしれません。

「借金があるから後を継がせるなんて無理」なんて悩みがあっても諦めず、ぜひ相談してください。

自分が思っている以上に、世の中にはいろいろな方法があります。方法が見つからないまま行き止まりだと思っている人、私はそういう人たち、特に諦めそうになっている人たちの手を取り、背中を押したいのです。

私自身、経営者としての苦労を味わい、負債にも苦しんできました。とにかく元気でいればなんとかなると思い、がむしゃらに、諦めずに生きてきました。そして今、実際になんとかなった自分がいます。

くり返しになりますが、同じように苦しんでいる経営者の相談相手として役に立ちたい。多くの修羅場に遭遇してきたことが、肥やしになっていると思います。

支援の内容は、単純にお金のことかもしれないし、ささやかなアドバイスかもしれない。その人が次のステップへ進めるようにするきっかけを見出し、助けたいと考えています。時には伴走だってしましょう。

体が元気なうちは、社会や人々のために貢献し、家業だけでなく人生そのものを充実させられるよう努力を続けたいと思っています。


この気持ちの根底には日本人に対する敬愛の念があります。私は日本の民族性は素晴らしいと思っています。歴史観、感性、勤勉性といった特性は、自信を持って誇れる民族性です。ところが、最近はそういった特性を意識することが少なくなったように感じます。

素晴らしい特性を持ちながら、ただなんとなく生きている、どこかで諦めてしまうことの多い世の中で、あなたの大義は何なのかと問いかけてみたい。

あなたがもし諦めようとしている事業があるなら、本当に手放していいのか一緒に考えてみませんか？

次の人生を考えている人へ

社長を引退し、家業から離れるというのは、長年携《たずさ》わってきた人ほど覚悟のいることだと思います。新しい事業のために家業承継をすることは、まるで家業を捨てるようだと罪悪感を感じられるかもしれません。

確かに私も当初、自分のために家業を手放すということに対して、そういう気持ちを抱きました。代々受け継いできた事業をまるで放り出すようですし、次世代に押し付けているようだと後ろめたさを感じたこともありました。

ですが、罪悪感を一人抱えて悩み続けるよりも、後継者と話をする場を設けることの方が大事です。揺らいでいる気持ちのまま事業を続けることこそお勧めしません。私は先述の通り、「負債を0にするまでは何もできない」という思い込みに縛られていたことで、力を存分に発揮することができなくなっていました。

ただでさえ私たちの時間には限りがあります。人には等しく命の終焉が訪れます。

せっかくなら充実した納得できる人生、自分で自分に説明できる人生を送って終わりたいと思いませんか？

どの世代にも、現状維持が「当たり前」だと思う人はいます。年をとるほどそれが普通という、思い込みでしかない「普通」に捉われてしまうことも多い。還暦も超えたのに、今更新しいことをしてどうする、いい年をして恥ずかしいと、後ろ向きなことも言われます。

変化を求めず、このままでいいと思っていたとしたら、本当にそのままでいいのか考えるだけ考えてみませんか？

還暦を過ぎ、会社員としては仕事を引退する年となりましたが、人生全体で考えればまだまだ終わりではありません。できることがたくさんあります。私は今しかないタイミングだと思って、新しい未来に踏み出します。

昔はこうだったと、若者たちがあくびをしたくなるような武勇伝を語り続けるよりも、若者たちと新しい未来を作っていく方が絶対に楽しいと私は思うのです。

人は何かと「常識」や「普通」「当たり前」に縛られがちです。大人になってからではなく子どもの頃からずっとそうです。受験や就職や結婚について、普通はこうした方がいいと、多くの人が自分の考えよりも常識を優先して考えるようになってきました。

どうか、どんな人も審判係にはならないでほしいと思います。この本の中でも何度となく俯瞰して見ることの大事さは書いてきましたが、あの人は良い悪い、これは好き嫌いなどと二元論だけで考えることはしないでほしいです。そのような考えでいるとどんどん半分に切り捨てて、自分から可能性を狭めてしまいます。

これからの時代、縛られずに生きてほしい。悩んでいることのほとんどは思い込みであることに気が付いてほしいです。

「思い込み」は、自分の意図で作ったものではありません。わざわざ捉われるのはやめにしませんか。

どんな世代であっても、若かろうと年をとっていようと、未来は自由に設計していいのです。

もしこの本を読んでいるあなたが、家業を承継するべきかどうか悩んでいるとしたら、まず会社から離れた後にやりたいことがあるかどうか考えてみてください。そこにあなたの可能性、第二、第三の人生が開けているのではないでしょうか。

始めることに年齢は関係ありません、変わる気さえあれば誰でもいつでも変われます。自分にとってやりがいを感じること、自分を喜ばせることは何かをぜひ考えてみていただきたいと思います。

7章

家業承継について家族全員で語ってみた

家業承継を遂行する際に避けて通れない工程があります。関係者が腹を割って話し合うことです。

家業となると家族同士の関係、家長のプライド、事業の透明性、お金の問題など様々な問題が生じ、ひざを交えて語り合うことさえ難しくなることが珍しくありません。

我が家はありがたいことに仲が良く、腹を割ることへの抵抗は少ない方だったと思います。行動のスピードの違いに気を使ったくらいで、恵まれた関係性といって良いと思います。

本書の執筆にあたり、私が次世代へ家業を承継し、社長を卒業することを家族はどう思っていたのか聞いてみたくなり、対談の機会を設けました。

編集者さんに司会をしていただき、遠慮も牽制もなく、ざっくばらんに家族の正直な気持ちを引き出してもらいました。

同じように家業承継に悩まれている方なら、他の家はどうなのだろうと気になられることもあるのではないかと思います。参考になれば幸いです。

2024年某日　川口家にて

——本日はよろしくお願いいたします。

一同　よろしくお願いします

——まずご両親へお伺いします。息子さんに対して無理して家業を継ぐ必要はないと思っていたのでしょうか、それともなんとかして継いでほしいと思っていたのでしょうか？

川口祐介《ゆうすけ》（夫・以下祐介）　やっぱり継いでほしいですね、100年も間近なんで。100年後も続けられるよう、今から準備してほしいです。

川口菜旺子（著者・以下菜旺子）　私もですね。やっぱりこの100年の事業ですから、続けてもらいたいと思っています。100年の積み重ねっていうのは、作ろうと思っても作れないし、誰もが持てるものではない。現事業が難しいなら、業態が変わってもいいから続ける方を優先してほしいと思います。魂を繋いでほしい。

——魂とは？

菜旺子　歴史を大切にするとか、受け継いできたものがあるという認識とか、うちは祖父が、突如洋服屋っていう当時着物から洋服に切り替わる過渡期の時代で、着ている人が少ない頃から営んでいた「進取の精神」があります。選んできた業は多くの職人さんたちが踏ん張って、日本人の技術というものを支えてきたということを、しっかり底流に持ってほしいと思います。

——でも、スーツ屋以外の事業もしてもいいと？

菜旺子　はい。

――お二人ともまだ60代半ばでお若いですが、家業を継いでもらうなら、いつ頃がベストだとお考えですか？

祐介　4～5年前は100周年に合わせて継がせたいなっていうのがありました。今は二人とも（他社兼業で）仕事をしているので、今の仕事をもうちょっと続けてもいいと思うんですよね。その仕事を続けて、納得のいく形でそちらを辞めてから、家業を継いでもらいたいですね。

菜旺子　私はタイミングをつくるのが大事だと思っていて。100周年にはバトンを渡したいので、あと3年で継いでほしいと思っています。

――100周年という数字はとても重要ということですね。

菜旺子　はい、100という数字の威力は使った方がいいと思います。

――息子さんたちはもう、家業を手伝い始めているのですか？

祐介　そうですね、すでに次男には経理関係を手伝い始めてもらっているところです。長男にも現場に入ってもらっています。

――では、家業を継ぎ、代表取締役というバトンも渡した後、お二人はどこまで経営に関わり、フォローをしたいとお考えですか？

祐介　長男に現場のサービスを何とかやってもらっているので、それをもっとパーフェクトになるまではフォローしてあげたいと思います。販売センスは現職で培っているので、感性も僕より若いし、そっちの方はもう任せられると思う。接客で大事な部分はある程度伝えますけど、あとは自分でやっていけると思っていきます。

菜旺子　聞かれたら答えるという形でフォローをしようかなと思っています。

――控えめでいるようにという感じですかね。

祐介　（菜旺子は）聞かれる前に言っちゃうタイプだからね。

菜旺子　そう。だからもう、ぶん投げたい。忘れられるくらい安心させてほしい（笑）。

次男が七五三の日の川口家

――次にお兄さんへ伺います。ご両親はどんな性格だと思っていて、ご両親から言われて強く心に残っている言葉というのはありますか？

川口修史《のぶひと》（長男・以下修史）　そうですね。父は、性格は本当に優しい。でも言葉数の少ない人だなっていうのは前から思っていて、本当はどう思っているのか、真意っていったところを読み取りに行くみたいなのはあります。言葉数が少ないのもあって、印象的な言葉というのは正直あんまりないです。

これは大人になってからわかったんですけど、家族に対して愛情深さが凄くあるなっていうのは感じていて。今でも覚えているのは、僕が小学生のときに、朝ご飯をみんなで食べているときに弟とちょっと喧嘩の言い合いになって、僕が弟の顔にパンを投げたんです。そうしたらしこたま怒られた。

祐介　覚えてない（笑）。

修史　「お母さんが用意してくれたご飯をそんな粗末にするな！」みたいなことを凄く言われて、引っ叩かれたんですけど。そういうのを後々思ってみると、愛情深さを感じたっていうのを、覚えている範囲では印象的でした。

――お母さんに対してはどうですか？

修史　そうですね、いろいろなことに正直だというのは思いますね。人に求めることもそうだし、自分自身の気持ちや感情に凄く正直で、割と父親とは対照的な感じです。そのとき思っていることとか、どう感じているとか、言ったことは凄く伝わりやすいです。ただ伝わりすぎてっていうところももちろんあるんですけど（笑）、いい意味でいろいろストレートにぶつけてくれるんで、誠実だなと思います。

――特に印象的な言葉はありますか？

修史　いっぱいあって難しいですね。ありすぎて一つ一つをちょっと忘れちゃって、明確なものはないんですけど。やっぱり、誠実さ素直さと正直さというところは幼少期の頃からずっと言われていたなと思います。自分が子どものとき何か悪さをして、怒られて誤魔化すと、そういうときが一番指導されたという思い出はありますね。

――弟さんはどうですか？　まずお父さんに対して。

川口玄《ひかる》（次男・以下玄）　印象は兄と同じで、あんまり自分を出さないタイプの人なので。この言葉印象深いなっていうのを、ちょっとすぐに思い出せないんですけれど。近々結婚式を挙げるんですが、そういう立場になって初めて家族を最優先してくれていたんだなっていうのが、この歳になってわかってきましたね。

祐介　良いこと言うね（笑）。

――お母さんに対してはどうですか？

玄　兄の行動を見て、これしたら怒られるんだってのをインプットして、それをしないようにしていました。だから兄みたく指導されていたことがなくて。でも兄が怒られているときに、「嘘つくな」ってよく叫んでいたので、それはやたら心に刻まれていますね。嘘をつかないようにしようと。あとは最近よく「一事が万事」みたいなことをよく言っているから、それもなんか刷り込まれていますね。

――息子さんたちは、今の家業の経営状態をどう捉えられていますか？

修史　そうですね、まず先代の祖父（菜旺子の父）が亡くなってからは、ギリギリ会社の体を成しているだけかなっていう感じはあります。大枠で見るとですけど。その中でスーツのことだとか、それ以外のところでの母の取り組みを見ていると、普通の会社勤めの人から考えたら想像つかないぐらいの業務量をこなしています。今の形を何とか保っているというのは、それに担保されているものだっていうのはわかっています。

でも会社の運営や事業の質というか、事業をすることによって得られる成果というのは、やっぱりかなり厳しいものがあるんじゃないかというのはあります。ただ、最近動きがあったので、今後は改善というか、良い方向に進んでいくのではないかと凄く感じております。

――今は他社に勤めていて、そちらでも会社の安定性や、利益の話は日常茶飯事にされていると思います。その上で家業を見たときに、家業の不安定さというのは感じられましたか？

修史　感覚的には社会に出る前から何となくわかっていたんですけど、二人がそれをまったく感じさせないで普段の生活を送っていたんです。それで大人になってからわかったことがいろいろあって。もしかしたら両親には、そういった内情や過去に起こったことを詳しく伝えるタイミングがあったのかもしれないと、社会に出てからわかったというのがあります。

今の僕の受け取り方として、物として形はしっかりあって、枠組みは整っているんですけど、中身がぐちゃぐちゃ。いろいろと事業に手を出しているんですけど、やっぱり様々なことが起こったり、降りかかったりっていうので、いろいろカオスな状態にあったこの10何年間だったなと思います。

——そうですね今回取材をしていて、お兄さんと同じようにある意味とんでもないことを、よくへこたれずにお母さんはしてきたなと感じています。弟さんも、今をどう捉えているか聞かせてください。

玄　今はやっと黒字展開したなっていう印象で、兄も言う通りいろいろ散らかっている状態ですので、そこの整理をしていけたらなと思っています。僕も社会に出てからうちの働き方やばいっていうのが薄々わかってきて。

僕は新卒からずっとSEをやっています。SEには「人日《にんにち》」という単位があり、他の業界でもこの考え方はあると思うのですが、一人一日動かしたらコストがいくらかかるというのがプロジェクトを組むときの前提にあります。その新卒の値段を家業に当てはめても全然足りないんです。何回かイベントの手伝いしてみたら、「あれ?」って思って、プラマイゼロどころか、マイナスじゃないかというイベントの手伝いも何回かさせられていたんで、やばいな、何のためにしてるんだろう? っていうのは常々思っていました。

――破綻していたわけですね。

玄 そうですね。そこを出さなくちゃ働いちゃ駄目だと思うんですけど。SEの場合は、○円もらえるから「このぐらいのクオリティで作れます」、逆に○円しかもらえないのなら「何人しか働けません」なので。

――川口家という代々長く続いている家系に対する意識、小さい頃からの意識というのは何かありましたか?

修史　昔はやっぱり、意識というか自分の考えやアイデンティティも定まっていない10代のときに、長く続いている家業としても、会社としても、無条件にその重さを感じていたというのはあって。絶やしちゃいけないなという思いが強かったです。

でも今は、そういう思いがその当時よりは薄くなってきていて。その重みを無条件に感じているというよりは、今はそれをいろんな形で続けることができるんじゃないかという風に思っています。

——漠然としていたものが、好意的に捉えられるようになったという感じでしょうか。

修史　はい。自分もそうですし、玄もそうですし、今後やっぱり家が続いていくとなると、関わる人間がどんどん増えていくじゃないですか、家族が増えていったりとか。関わる人間が増えていく中で、ただただその家を続けていったり、家業を続けていったりということが、その人たちを含めていろいろな視点から見たときに、果たしてプラスなのかどうか考えていかなきゃいけないなと。

自分や玄は川口家の人間として今後も生きていくわけで、自分が従来感じていた重さというのだけでは駄目だなと凄く感じています。

——この長く続く家系にいて、10代の頃は何となく重みや複雑さを感じていたけれども、大人になって冷静に考えたら悪くないと思えたと。

修史　10代のときも、その重みをネガティブに捉えていたわけではなくて。重大なこと、大事なことだと。若い頃は何の考えもなしに、自分でこれを絶やしちゃいけない、続けなきゃと思っていただけだった。単純にストレートに続けていくだけだと思っていた。

当時受けた重みに関しては薄くはなっているんですけど、続けていくってことに関して、何かいろんな形で続けていくことができるんだなっていう。

——昔より受け入れられている自分に気付いたという感じでしょうか。

修史　そうですね、受け入れ方が変わったといえばそうですね。

——わかりました。では玄さんはどう捉えていらっしゃいますか？

玄　ざっくりと凄いなというのは思っていて。昔、僕が小学4年生のとき、川口家の城があったという所へ祖父に連れて行ってもらって、何か代々の当主の名前が刻まれた石碑みたいなのを見て、これだけ続いてるんだ……というのはありました。けれど別に39代だからといってプレッシャーはまったくなくて、今も昔も。今は一番良い選択できていけたらなくらいにしか思っていなくて。特別なプレッシャーは何もないです。

――先程はあえて家業と言わずに、家の流れでお話ししました。今度は家業をどうしたいのか、どう関わりたいかという本音を、ご両親が二人ともいないものと思って、ご兄弟も配慮せず、ぶっちゃけてお話しいただけますか？

修史　そうですね、関わりたくないという思いはなくて。これもさっきの家の話と一緒で、形を変えて、今後自分なり玄なり、もしくはその周りの人間、そこから続く家族とか子どもたちが幸せになるんだったら、どんな形でもいいなとは思っています。

極論になってしまいますけど、別に家業としての形がなくなったとしても、何か後の世代に残るというか。何か土地や財産を残すという、何か形あるものを残すという思いはそこまで強くなくて、ただその人たちが幸せに、人生を送れるようなものを残していければいいかなというのが第一にある感じです。

——そうなったときに実際の場面として、今の世の中誰でもそうなのですが、ご両親のように60代というのは周りが思うほどそこまで老人の世代ではない。ご両親二人ともまだ感覚も気持ちも若いです。でも70歳を過ぎるといきなり一気に老け込みます。そうなると仕事もできなくなる、つまり現実的に考えるとあと5年程度しかご両親は頑張れない。それがわかった上で、現職を辞めてこの不安定な会社に入るのか考えてみるとどうですか？

修史　どうだろう、そこを最近一番悩んでいます。自分決断下手なんですけど、もちろん責任じゃないですけど、受け継いでいくものは受け継いでいかなきゃなという気持ちもありつつ、二の足踏んじゃうというのもあります。5年後と今言われて、正直なところ、5年間、早いなという感じ。

——現職でのキャリア、いろいろな経験を積む前に、実家に帰ってしまうのは惜しいところがありますか。

修史　はい。

——わかりました。玄さんは家業のバトンタッチをどう捉えてらっしゃいますか。

玄　順番でお話しすると、家業を継ぎたくないと思っていました。ガタガタなんで。もう家業の利益はまったく頼らず、老後ある程度困らないような生き方をするにはどうしたらいいんだろうと考えて、実践してきたところがあったくらいには関わりたくないと思っていて。関わるとしても、その裏方の事務的なところは足枷でしかないと思っていたんです。

けれど今はお金が増えて、ちょっと現金な奴に見えるかもしれないですけど……。これだったら本気で関わろう、何か副業とかじゃなくて、メインに据えて本気で頑張ろうと思っています。

先程、両親が働けるのはあと5年ぐらいって言われましたけれど、僕は逆に「あと5年もあるんだ」って感じです。全然、二人ともまだまだ働けるじゃんって。

父は最近まで入院していて本当に大丈夫かなと思っていたので。元気になって、二人とも5年も働けるんだっていう印象ですね。

――黒字になったから何とかなりそうと考えるのは健全な発想だと思います。逆にそういうところに対して、お兄さんは今、現職が凄く経験を積めるところにいて、やっぱり今いる場所がいいっていうのはありませんか？

修史　そういった意味では玄とは逆で。カオスな状態だったけれど、やっぱり背負っていかなきゃなっていう気持ちがむしろ前はあって。その気持ちはキープしつつ。ここ数年は外で働いているっていうことだったり、今仕事している内容だったり、楽しさだったり、そこで得られる充実感が拮抗してきて、何ならちょっと上回っているというので、中々決断できないなっていう。

だからそのお金がどうのっていうのは、玄とは対照的で、あんまりそこまで自分はわからないです。現実的に考えていないだけかもしれない。そこは自分の中では大きな要因にならないことはないんですけど。もちろんお金は稼げるにこしたことはないとは思っていますし、収入も現職の方がいいっていうのもありますし。なので判断材料としてはそんなに、大きなパイを占めるものではないという感じです。そういった意味では玄とちょっと逆ですかね。

——ちなみに、アパレル業界へお勤めになったのは、やっぱり家業の影響は大きかったと思いますか？

修史　そうですね、家業がなければ多分アパレルに行こうと思ってなかったので。自分も服は好きですけど、なんか社内の人間を見ると、別にそこまで……。現職のブランドはもちろん好きなんですけど、スタイルとして好きな部分が大きくて。だからそうですね実家の影響というのは非常に大きい。ただ業界に入ってみて、入る前より、いろいろ知れて楽しいとか、より好きになったという部分がありますね。

——家業の歴史はもうそのままアパレルの歴史で、ファストファッションが増えたことでそれまでのビジネスが瓦解《がかい》していました。その状況を見ていたお兄さんがアパレル業界に進むのは意外だったのですが、承知の上でアパレル業界に入られたのでしょうか?

修史　アパレルという選択肢は元々なかったんです。大学生のときはおっしゃる通りで、「アパレルで稼げるのか?」とちょっと思っていたんですよ。販売員の初任給は驚くほどに低かったので、全然候補に入ってなかったんですけど。ただその店舗の管理やマネージャー職に魅力を感じて、この業界に入ったというのはあります。

——アパレルというよりも、小売ビジネスへの興味が強かったんですね。

修史　そうですね。最初はざっくりした印象でしかなかったですけど。今は服が好きだから会社にいるというわけではなくて、小売のビジネスや組織の運営管理や、マネジメントといったところに凄いやりがいを感じていて、今も続けているっていう。

母親が「コーチング」をやっていたというのも大きいです。

——そうなんですか。

修史　僕はめちゃめちゃありました。

菜旺子　意外です。

修史　両親が例えば自分に教育してくれる、その内容がわかってくるのがやっぱり10代になってから、中学生から大学生になってというタイミングで、ちょうど母がコーチングに出会って、自分も咀嚼しやすくなったというベースがあったので。それを日常に織り交ぜながら子育てしていたというのは影響あったと思います。やっぱり考え方やコーチングを活かしつつ今仕事しているのは大きいですね。

菜旺子　初めて聞きましたね。良かったです。

——玄さんはどうですか？　実家ではＩＴビジネスをしていないのに、何故その業界に進まれたのでしょう？

玄　実家のこととか全然考えていなかったので、僕が新卒のタイミングが２０１８年で、今後ＩＴの需要って増えていくし、仕事はなくならないだろうくらいにしか考えずに、この業界へ入りました。

——業界に入られて何年目ですか？

玄　6年目ですね。

――今後SEとして受託されることはなくなったわけですが、SEを続けるやり甲斐みたいなものはなかったのでしょうか？

玄　そこはあんまりイメージしていなくて。こう言うと薄情かもしれないですけど、昔からずっとエンジニアを続ける気はなかったんです。何かしらの職業に移っていくだろうなと漠然と思っていて。だからあんまり自分がエンジニアのトップや、マネジメントしているのは全然イメージしていなくて。そんなことを考えていたら、この1～2年で家業の方が大きく動いたので、エンジニア以外の仕事をしていくことになったという感じですね。

――家業に入られたときに、ITでの経験や考え方が活かせると思っている部分はありますか？

玄　今、手作業でやっている作業を全部自動化させたいと思っていますね。お客さんのお誕生日の月になったらメール送るとか、採寸から注文するまでの間に何回かリマインドメール出すとか、来週受け取りですみたいな。あと工場とのやり取りも、ちゃんと発注できているか、そういったところも全部自動化させたい。昨日ちょっと経理のところを触ったんですけれど、そこも誰にどういう項目でいくら払ったとか、どういう項目で受け取ったとか、そういうのもできるだけ自動化してバックオフィスに人を存在させないようにしたいですね。

——なるほど。修史さんが凄く頷かれていましたけど、マネジメント上で当たり前というレベルですか?

修史　そうですね、コストをかけられるならって感じですね。

——玄さん的には、高いコストをかけるというより、ちょっとしたことでできそうな範囲ですか?

玄　はい、特にメールはすぐにできそうですね。経理のところはちょっと難しいと思うんですけど、今のソフトをやめて他のサービスを使うだけでもだいぶ楽になる。

——玄さんは今ある家業のビジネスで事業の何を残すかといった、守るべきものとしてイメージしているものはありますか？

玄　いや、ないです。

――それにこだわる必要もないんじゃないかということですか？

玄　ですね。今一番利益を上げているのが不動産業だから、そこだけに集中したらいいと思います。むしろスーツ業は経費とかちょっと見たんですけど、赤字なのでやめてしまった方がいいとさえ思ってます。母がその１００年にこだわるなら、そこまで自分の力だけで頑張ってほしいと思いますね。

――おそらくお母さん的には「そうきたか」という話だと思うんですけど、菜旺子さん的には１００年業を紡ごうと思ったら、そういう選択もあるのかと思いますか？

菜旺子　あるのかなとは思います。でも、もうちょっと精査してみてっていう感じですね。赤字の要因っていうのは、全部家業で持っているから。固定経費というところもあるんで、その辺の分解はしてほしいかなとは思います。

玄　そこはこれからしていきます。

――仕分けたら、実は何らかの要素でプラスに転じる要素があるかもしれないしということですね。

玄　そうですね、ただ……。

菜旺子　その上で、どうしていくかっていう。

――例えば今みたいな収益性の話で、お兄さんからすると、そういうのに何かアイデアを出すような関わり方というのもあるのかなと思いますか？

修史　はい、ありますね。今のスーツ業の赤字黒字っていう話も、僕はどちらかというと母に賛成で。ビジネス的な観点から見ると、赤字事業なんで早めにっていうのはもちろんあるんですけど。母が言うことにはこういうことも含まれているのかなと思うのは、これまで正しいやり方で事業を進めていないので、正しいやり方で事業を進めたときに、その赤字をどれだけ抑えることができるのかとか、もしくはプラスに転じるのかというのを探って、期間をあらかじめ設けた上で、「結局駄目だったね」って決めればいいというのは思っていて。

その中で自分がそういう何かアイデアや実務的なところももちろんそうなんです

けど、関わっていくっていうのはいいと全然思っています。

――修史さんはもう自分自身の家族がある中で、これはあえてそういう言葉を使いますけど、やはり実家に関わることのリスクがあると思います。現職から得られる成長やお金みたいなものを失ってまでやれないみたいなところも、正直ありませんか？

修史　はい。一人だったら全然やりますけど、もう二つ返事で。

――これはご両親がいる前であえて聞くんですけど、結婚されてお子さんが生まれたら、やはり軸足は当然実家ではなくなるじゃないですか。それを強く感じ始めたのはどのぐらいのタイミングでしたか？　結婚ですかお子さんですか？

修史　子どもですかね。段々ステップを踏んでというところでは、もちろん結婚のタイミングでもそうでしたし。ただその段差の高さが上がったのは、やはり子どもができてから。もしくはそろそろ子ども欲しいタイミングだよねという年齢に差し掛かったくらいで加速した感じですかね。

――長男である前に、今の家の家長であるっていうところは譲ることできない。

修史　はい。

――玄さんは今度、結婚式を開かれるんですよね。

玄　はい、開きますね。籍も入っていて。

――結婚される方と、実家の話ってどのくらいされていますか?

玄　籍を入れてからいろいろ話すようになりました。不動産のこととか、どのくらい借金があってとか、そういう話を籍入れてからするようなったんですけど。それまではできるだけ関わらなくても済むように、情報を入れないよう自分が壁の役割として振る舞っていました。

――籍を入れたタイミングか、家業の状態が変わっていくタイミングによって、玄さんご自身の中で家業に戻って発展させるのもありだと思い始めたのと同時に、ちゃんと説明されたという順番ですか?

玄　そこはちょっと前後していて。タイミングとしては籍を入れてからですね。その前から黒字化する見込みはあったので、いつでも話していいっていう状況だったんですけど、話そうってなったのはやっぱり籍を入れたタイミングですね。

――奥様になられたことによって、玄さんの方にも説明責任みたいな感覚がより生まれたということですかね。

玄　はい。

――玄さんの今の腹づもりとしてはどのくらい、家業は何とかなるという感覚をお持ちですか？

玄　もう、九割九分良くなるんじゃないかなと。

――お兄さんはやはり、今凄く守らないといけないものがあって、家業との関わり方は配慮しないといけない。弟さんの方は何とかなるんだっていう前のめりで実家に関わるっていうスタンスという二人の温度差ですが、菜旺子さん的には良い着地ですか？

菜旺子　凄く良い着地になったと思います。どうしたものかという時期はあったんです。やはりこの1年ちょっと、どうなっていくかなという。不安に思うということではなかったんですけど。多分それぞれに関わり方や感覚、印象もイメージも違うと思うんですすけど。その違いを上手く融合させていくにはどうしたものだろうというところはあったんで、凄く良い塩梅になりました。

——皆さん、本日はありがとうございました。

一同　ありがとうございました。

対談を終えて

お読みいただきありがとうございました。

対談を終えて気が付いたことがありました。長男の冷静な一面は以前から見てとれていたのですが、次男も思いのほかクールだったことが新たな気付きでした。一言でまとめると、二人とも「ナイスガイ」です。とても優しい人間に育ってくれました。

息子たちなりに、忠実に仕事をする行動基準を持っていると思います。長男は時間をかけて行動し、次男は頼むとさっさときっちりやるタイプで、良い意味での計算高さを感じています。

二人が新卒の仕事を選んだ理由も初めて聞けた話でした。普段あまり見ることのない息子や夫が第三者と喋っている光景はとても新鮮でした。こうした対談は貴重な話を聞き出せる良い機会だと改めて思いました。

編集者の方からは、息子たちがとても正直で素直な人間だと言っていただきました。親としてとても光栄で嬉しいことです。これから立場がどう変わろうとも、飾らずに話をする姿勢はそのまま変わらずにいてほしいと思います。

おわりに

ここまでお付き合いくださり、ありがとうございました。

この本を読んでいただいている方は、おそらく経営者の方が多いでしょうから、若年層よりも50代以上の方が大半を占めているのではないかと予想しています。

しかしその年代の方で、家業承継について具体的に考え始めている方は多くはないかもしれません。まだ現役で働かれている方が多いと思うのです。それは素晴らしいことなのですが、でしたら尚更、元気なうちに承継について考えておくことをお勧めします。

早く取り組めば取り組むほど、次世代との信頼関係を深め、引退後の人生についても準備ができます。より豊かな人生が過ごせるのではないかと私は考えています。

そのために大事なことは何か、1章で挙げていた5つのポイントを振り返ってみたいと思います。

1 元気なうちに後継者へ多くを伝えられたか？

私の場合は、先代の父が伝えるものを全て墓場に持って行ってしまった……と言いますか、それ以前に隠蔽され失われていた状態でした。こういう事情は珍しいとは思いますが、それでなくても経営者の抱えている責任は重大です。それを一つ一つ引き継いでいかなければなりません。

私は息子たちに、今できる最大限の形で、承継を進めることができたと思っています。ネックとなっていた借金問題を解決し、私が元気なうちに家業に入ってもらえて、社長職の引き継ぎを進められています。

かつて私が父から受けられなかった、経営者としてのチュートリアルは日々進行しています。経営者に必要な勉強をしてもらい、取引先へのご挨拶も順次進めております。父からの承継時には破棄・隠蔽されていた数字も、今は一切隠すことなく、良いことも悪いことも全て共有しています。

おかげで私は彼らの成長を見届けることができる。これが嬉しくて仕方がないのです。

2 事業の現状を数値で把握できているか？

後継者へ説明するにあたってまず準備したのは経理資料でした。

具体的に、今現在いくらの負債があって、特に借金の返済状況はどうなっているかを正確に共有する必要がありました。数字をベースに話をすることで、言い訳も誤魔化しもない話ができるようになります。

以前は日常会話でなんとなく伝えていたせいか、同じことを伝えているつもりでも、家業における息子たちの認識はそれぞれ違っていました。正確に伝わっていなかった現実が、話し合いの中で明らかになりました。

特に長男の「借金がこんなにあると思っていなかった」という認識は、かつて私が突然父の借金を知らされたときと同じ思いをさせているようなものでした。

この認識合わせを行わないまま後を継いでいたら、後々大きな問題が生じていたことでしょう。

全てを打ち明けることで息子たちからも理解を得られ、私の心を縛っていた財産管理からも解放され、12億という巨大な借金も解消して、無事に承継の段取りを進めることができました。

私が息子たちから背中を押されて新しい未来へ踏み出せたように、次は私が息子たちの背中を押して、良き経営者になれるよう全力で応援しています。

大きな借金を背負わせることがなくなり、安心はしていますが、これで万事大丈夫というわけではありません。今度は息子たちが会社の管理をしていかなければなりません。

彼らは今必死に勉強をしていますが、一人で抱え込みすぎるのも心配です。その辺りは先代である私や仲間の力を頼りながら、フォローをしていきたいと思います。

なお、どんな会社にも負債はあります。経費における未払金はもちろん、ほとんどの企業が銀行からの融資を受けているでしょうし、手形や小切手の発行もあるでしょう。負債があること自体は何も悪いことではありません。

その負債をブラックボックス化させないことが大事です。何で支払っているのかわからない、はたまた、何で請求や督促されているのかわからない、そういった不明瞭なお金が発生しないよう、管理は重々気を付けていきましょう。

3　一代だけにとどまらず、未来も視野に入っているか？

「百年の計」という言葉を引用しました。一人の社長の就任期間を約30年と考えると、三代でほぼ１００年です。

先の見えない時代と言われて久しい昨今ですが、子や孫、のちの世代のことを考えると、あっという間に１００年になります。期待をもってこれから先の彼らの時代を想像することは、タイムカプセルに託す私たち先代からのエールのようなものです。

一代だけでなくその先の未来まで視野に入れることを、「家業の文化」として次世代に示すことは、代々続く家業の礎になると思います。

4 公平な第三者に関わってもらうことはできたか？

この家業承継は、私一人では成し遂げられませんでした。家族だけでなく、第三者である竹口さんの協力を得られたからこそ、無事に進めることができたと言って過言ではありません。

私が父から承継した際に苦労した要因は、突然の病で引き継ぎもままならなかったことが大きいのですが、根本的な問題はそれだけではありません。家族であるがゆえの「甘え」があったために、様々な問題に繋がりました。

父の二の舞になるまいと思い、自分の家族は円満で大丈夫と思っていましたが、それでも認識の合っていないことがありました。家族円満だからといって、家業も円満にできるわけではないと身をもって知りました。

一番のキーとなるのは会話です。曖昧に終わらせず、ちゃんと本音で話し合えるかどうかです。

私は借金のことを詳細に伝えようとしていませんでしたし、息子たちも承継の意思をはっきりとは示していませんでした。第三者の介入がなければ、はっきりとしないままずるずると後回しにし続けていたかもしれません。そうして父と同じように、想定外の事態で強制的に承継してしまう可能性もあったわけです。

第三者に入ってもらうことで感情的にならず、冷静に話し合える場を作れたのはとても有効な手段でした。家業承継だけでなく、客観的かつ俯瞰的に物事を見られなくなってしまったら、自分一人だけで考え込まず、第三者の力を潔く借りてください。

そのためにも普段から様々な人と会って、人を見る目を養い、信頼できる人間関係を構築しておくことは経営者として特に大事なことだといえます。

5 承継後に取り組むことは見つかっているか？

社長を卒業した後、もし何もすることがなければどうなるでしょう。やっぱり家業のことが気になってしまい、会社に戻って口出ししたくなってしまうかもしれません。それでは卒業をした意味がありません。

アドバイスや仕事の整理をするのなら、次世代にとってもありがたいことだと思います。家業である以上、家族のしがらみに縛られることもあるでしょうから、そういったものを解くことも大事なことです。ただ、寂しいことではありますが、社長を退くということは、もう経営に口を出せる立場ではなくなるということです。

それよりも、折角第二、第三の人生を歩める機会を作れたのですから、自分のやりたいことのために時間を使いませんか？　家業とは別に自分が取り組みたいと思ってきたことはなかったでしょうか。家業承継は、これまでの人生を振り返るとても良い機会です。

私はこの家業承継の経験を糧に、「家業承継支援」のビジネスを始めようとしています。まだまだこれからの段階ですが、新たに得られる経験、出会いがあることを今から楽しみにしています。

やりたいと思えること、意義を感じられることというのは、自分の心の大きな支えにもなります。どんな小さなことだって構いません、これからの人生が満足できるものになるよう、できれば家業承継を始める前に一度考えてみてください。

承継にあたって、健康上の理由から不本意な形のまま承継する場合が少なくありません。こうして見守りながら後を任せられるということは、この上なく幸せなことだと本当に思うのです。

私は決して経営が上手かったとは言えません。それでも会社を潰すことなく次世代に繋げられたことについては、立派に役目を果たせたと思っています。しっかり引き継ぎを行える上に、彼らが経営者として育ち、そして事業を育てていく様もこの目で見ることができる。

親としても元経営者としても、こんなに幸せなことはありません。

ここまで私が家業を全うし、大満足という形で社長を卒業できたのは、夫と息子たちはもちろんのこと、絶大なるご協力をいただいた竹口晋平さん、川口家・石﨑家（夫方）・横山家（祖母方）・西山家（母方）のご先祖様、祖父母、父母、妹たち、親族、職人さんたち、社員や取引先の皆様、友人、ご縁をいただいた皆々様のお陰と、心より厚く御礼申し上げます。

また、この本の執筆にあたり、スピーディーかつ根気よく推敲にお付き合いしてくださった杉岡一樹さん、安井麻代さんには、御礼の言葉もありません。そして、今回の出版のお声がけをいただき、真摯に編集してくださった新保勝則さんに心より感謝申し上げます。

これからは、私の息子たちが会社を担っていきます。

まだまだ未熟ではございますが、自慢の息子たちです。きっと、受け継いできた家業をより一層面白くしてくれることでしょう。どうか頑張って、新しい未来を築き上げてほしいと思います。

皆様、これからもどうぞ私たち家族をよろしくお願いいたします。

そしてこの本を読んでくださったことで、家業承継の悩みが一つでも解決し、新しい未来が広がりますことを心よりお祈り申し上げます。

著者拝

川口家の家業承継に際しては、
実に多くの皆様からありがたいご支援を頂きました。
感謝に代えて、ここにご恩とご厚情を頂戴した皆様を
あげさせていただきます。

元三井住友銀行法人融資担当　恵良二郎様
東京商工会議所練馬支部　歴代経営指導員の皆様
練馬警察署知能犯係　長尾義信様
元東京都よろず支援拠点相談員　高英輔先生
東京都練馬都税事務所　平成18年当時の徴集課のご担当者様
東京信用金庫中村橋支店元支店長　坂口登志男様
西武信用金庫鷺宮支店元支店長　弭間鋭己様
西武信用金庫鷺宮支店融資係　鈴木正様
巣鴨信用金庫練馬支店現支店長　岡部泰士様
巣鴨信用金庫練馬支店元支店長　大原健晴様
巣鴨信用金庫練馬支店元融資係　大北敏矢様
株式会社デザイングループセルクル　加藤功一様
練馬区役所建築審査課
法務局練馬出張所
リンク総合法律事務所所長　紀藤正樹先生
リンク総合法律事務所弁護士　佐々木大介先生

ルー・タイス（故人）
ダイアン・タイス（故人）
モニカ・アリオーラ
バービー・シーファート
ロベルト・モラレス
クリスティ・ワトソン
アントワン・リチャードソン（故人）
林智恵様
児玉貴子様
後藤光様
市川和美様
武藤悠史様
白石聡一郎様
竹口晋平様

他ご縁をいただいた皆様
（順不同）

｜著者プロフィール｜

川口 菜旺子 (かわぐち なおこ)

株式会社シュウ・カワグチ代表取締役社長

大学卒業後は外資ラグジュアリーブランドで勤務し経験を積む。その後、家業でアパレルビジネスを展開していた株式会社シュウ・カワグチに入社する。

一時は 50 名近い従業員を抱えていたが、アパレル業界の変化にともなって徐々に店舗を閉鎖し、オーダーメイドの紳士服を行う一店舗のみの状態に。

新型コロナの大打撃にもかかわらず「満足できる家業承継」に成功。ずっと苦しんでいた借金を返済し、息子世代に家業のバトンを渡した。

大満足！川口さんちの家業承継

2024年９月27日　初版第１刷発行

著者　川口菜旺子　©N.Kawaguchi 2024

発行　合同会社 オールズバーグ
〒107-0062　東京都港区南青山2-2-15
https://allsburg.co.jp/

発売　株式会社 扶桑社
〒105-8070　東京都港区海岸1-2-20　汐留ビルディング
電話03-5843-8143（メールセンター）
www.fusosha.co.jp

印刷・製本　中央精版印刷 株式会社

ISBN978-4-594-09867-4　C0095　Printed in Japan